¿POR QUÉ MIS METAS NO FUNCIONAN?

Los Colores de las Personalidades para Redes de Mercadeo

KEITH Y TOM "BIG AL" SCHREITER

¿Por Qué Mis Metas No Funcionan?

© 2019 by Keith & Tom "Big Al" Schreiter

Publicado por Fortune Network Publishing

PO Box 890084

Houston, TX 77289 Estados Unidos

Teléfono: +1 (281) 280-9800

BigAlBooks.com

ISBN-10: 1-948197-41-3

ISBN-13: 978-1-948197-41-0

CONTENIDOS

Prefacio vii

Una nota de Tom. 1

Donde sale mal todo. 3

Siente el fracaso. 7

Cuando tenemos las metas correctas. 11

Consistencia. 15

Las personas son diferentes. 17

Los dos factores para hacer que nuestras metas se sientan bien. . . 23

La personalidad amarilla. 27

Fijar metas para personalidades amarillas. 31

Más metas para personalidades amarillas. 35

La personalidad azul. 39

Fijar metas para personalidades azules. 43

Más metas para personalidades azules. 47

La personalidad roja. 51

Fijar metas para personalidades rojas. 55

Más metas para personalidades rojas. 59

La personalidad verde. 63

Fijar metas para personalidades verdes. 67

Más metas para personalidades verdes. 71

¿Pero por qué tan pocas menciones de redes sociales? 73

¿Qué tal si no estamos seguros de nuestro color de personalidad?. . 79

Factor #2: ¿Cuáles son nuestros valores? 83

Los 14 valores. 85

¿Cuáles son los valores más importantes para nosotros? 95

La construcción de sueños es desear y esperar. 97

Los cuatro pasos mágicos para lograr nuestra meta. 99

Paso #4: Mini-hábitos. 105

¿Necesitas más ayuda con las metas? 113

La gran recompensa. 119

Acrónimos para quienes los aman. 123

En conclusión. 137

Agradecimiento. 139

Más Libros en Español 141

Comentario del Traductor 145

Sobre los Autores 146

Viajo por el mundo más de 240 días al año.
Envíame un correo si quisieras que hiciera
un taller "en vivo" en tu área.

→ BigAlSeminars.com ←

PREFACIO

Antes de que fijes tu próxima meta, deberías leer este libro.

¿Por qué?

Debido a que quieres fijar metas que funcionen para que consigas exactamente lo que deseas lograr. No quieres alcanzar las metas de alguien más. Sólo tenemos una vida, y las metas deberían de diseñar la vida que queremos.

Sí, diseñar nuestras propias metas. Si no, terminaremos siendo parte de las metas de alguien más. Definitivamente no es algo satisfactorio ni divertido.

¿La recompensa por diseñar tus propias metas personales?

En lugar de luchar para motivarnos, estaremos emocionados con cada momento que podamos trabajar sobre nuestras metas. Cuando tus metas encajan con tu personalidad y tus valores, la magia sucede.

Así que, las metas pueden funcionar. Ya funcionan, de hecho.

Todos los días fijamos literalmente cientos o tal vez miles de pequeñas metas, y las alcanzamos. Es algo tan fácil que rara vez nos detenemos a pensar en ello.

No permitas que nadie te diga que fijar metas y lograrlas es difícil. Estas actividades no son difíciles, y ya eres un profesional en ello.

¿Quieres más pruebas?

¿Qué tan a menudo te has puesto la meta de ir a la cama temprano?

¿Alguna vez has fijado la meta de levantarte a cierta hora?

¿Tienes la meta de comer el día de hoy?

¿Tenías la meta de mirar tu programa de TV favorito ayer por la noche?

Todos fijamos y alcanzamos este tipo de metas a diario. ¡Ya eres una máquina de lograr tus metas!

¿Alguna ocasión te has puesto la meta de comer algo de helado? Tal vez revisaste en la nevera y encontraste que alguien se lo había terminado. Así que, te pusiste el abrigo, subiste al auto, atravesaste el tráfico, toleraste la lluvia, condujiste al almacén más cercano, y finalmente, conseguiste algún delicioso helado exótico como recompensa por tu esfuerzo.

No hay nada que nos detenga cuando estamos en el camino de alcanzar una meta.

Ahora, vamos a descubrir cómo hacer que nuestras metas funcionen para nuestro negocio de redes de mercadeo. Descubriremos las verdaderas bases de lo que hace funcionar a nuestras metas. Luego, podremos usar este descubrimiento para que sea más fácil fijar y lograr nuestras metas.

Sigue leyendo y disfruta de un emocionante futuro donde tus metas funcionan.

-Keith y Tom "Big Al" Schreiter

UNA NOTA DE TOM.

Debido a que Keith y yo somos co-autores de este libro, puede ser confuso quién está escribiendo cada capítulo. Toda referencia a grupos de *heavy metal*, atletismo y ejercicio, ese sería Keith. Cualquier referencia sobre comer sin parar y conservación de la energía, ese sería yo escribiendo en ese momento.

DONDE SALE MAL TODO.

Quería tener éxito. Pero a mis 17 años, no estaba seguro de lo que el éxito significaba para mí. Así que tranquilamente seguí sentado en silencio durante el seminario sobre fijar metas, mientras tomaba notas y notas.

Empresarios con trajes brillantes de miles de dólares, vendedores con sobredosis de cafeína, banqueros de mediana edad y ejecutivos de alto poder me rodeaban. No era difícil encontrarme dentro de esa multitud.

¿Quién era yo?

Un joven estudiante de 17 años, con cabello largo, que amaba tocar la batería con su banda de *heavy metal*. No encajaba dentro de ese grupo en el seminario. Pero la parte trasera de mi mente me dijo, "Quieres ser exitoso, así que aquí está tu oportunidad de aprender cómo."

El líder del seminario era un engreído. Presumió sobre sus coches, sus casas, sus trajes, sus viajes, y sobre cómo había sido el promotor más rápido en la historia de redes de mercadeo. Sí, él era toda una leyenda en su mente. Y, era su fan #1.

Creo que tomó demasiadas bebidas energéticas esa mañana. Pasó de una alta intensidad a ser altamente molesto, y no era hora del almuerzo todavía. Me sentí un poco nauseabundo en el estómago.

Tuve que luchar. No podía relacionarme. En la mente del líder del seminario, las únicas metas dignas de lograrse eran las metas que quería en su vida. Dijo cosas tales como, "No se conformen con menos. Tienen que ser número uno en la vida. Si son número dos, solamente están parados frente a los demás perdedores."

Yo pensé, "Bueno, un coche nuevo estará bien. Pero qué voy a hacer como baterista de mi banda de metal con un traje de tres piezas de mil dólares? ¿Viajar? Todavía tengo que ir a la escuela todos los días. No me importa ser número uno ni destrozar a la competencia. Quiero vivir **mi** vida, no su vida."

Más tarde ese día, sucumbí a la presión grupal. Fijé mis metas. Me apegué a las instrucciones que el Sr. Intensidad nos dio. Cómo ser número uno en los negocios. Cómo ser número uno en las ventas. Cómo ser número uno en las relaciones. Cómo ser número uno en… todo.

¿Por qué fijé estas metas? Bueno, como tenía 17 años, me di cuenta de que todos ahí sabían mucho más sobre metas que yo. Sólo tomé su consejo.

Hice lo que me dijeron.

Compartí mis metas con el grupo. Usé las metas de las otras personas para inspirarme y elevar mis propias metas. Escribí de nuevo mis metas para ser más explícito.

Describí cada meta con gran detalle. Si era un coche, escribí el color, marca, modelo, y cada accesorio que mi coche tendría. Hice pruebas de manejo y tomé fotos mientras estaba dentro de mi coche soñado. Luego, cuidadosamente coloqué las fotos sobre cada espejo de la casa. Veía mi coche soñado en cada momento que estaba despierto.

¿Enfoque de láser?

Sí.

¿Y qué crees que ocurrió?

Nada.

No pude conectarme con mis metas. No sentía pasión por lo que había escrito. Cuando me levantaba por la mañana, no sentía esa motivación para salir y alcanzar mis metas.

Pero se puso peor. Muchas de mis nuevas metas requerían habilidades que no poseía todavía. Eso fue cruel.

¿Cruel? Sí.

Esto es a lo que me refiero con cruel. Animar a que las personas fijen metas que no pueden alcanzar es cruel. No hay nada más frustrante que saber lo que quieres, pero no tener la habilidad de llegar ahí. Ninguna cantidad de cánticos o creencia cambiará el hecho de que si no tenemos las habilidades, no podremos llegar a donde queremos llegar.

Así que tenía metas. Pero no eran **mis** metas.

Fijar metas es fácil. Cualquiera puede escribir una lista de metas. Pero, lo que queremos hacer es fijar las metas correctas. Yo no lo sabía. Si no tenemos un apego emocional a nuestras metas, entonces, ¿cómo podremos sentir emoción en nuestra persecución de estas metas?

Es por ello que las personas fijan metas y luego fracasan al tomar acción.

Me acababa de convertir en una de esa personas.

¡Pero quería tener éxito!

El acercamiento normal para fijar metas no sirvió para mi. Eso no significaba que no tuviera metas. Sólo significaba que no tenía las metas correctas para mí. En este momento en mi vida, no estaba seguro del tipo de metas que debería de tener. ¿Perdido? Sí, estaba perdido.

En el lado positivo, por lo menos el seminario sobre fijar metas me introdujo al mundo de fijar metas. Esto había sido algo de lo que no me enseñaron en la preparatoria.

Ahora dependía de mí tomar el siguiente paso y crear metas personales que fuesen las correctas para mí.

SIENTE EL FRACASO.

Las metas deberían de ser una alegría. Cuando alineamos nuestras metas con nuestras personalidades y valores, nos sentimos con energía y felices todos los días.

Desafortunadamente, eso no siempre sucede. Nos apresuramos a fijar metas, influenciados por otros y sus motivos. Luego, terminamos creando metas que no son las adecuadas para nosotros.

Sabemos instintivamente cuando nuestras metas no son las adecuadas para nosotros. Experimentamos un espantoso terror, y una falta de pasión. Nos esforzamos para salir adelante. ¿Quieres un ejemplo de ese sentimiento?

Los desastres de las dietas de Año Nuevo.

Imagina que queremos perder peso. ¿De dónde sacamos ese peso? Decisiones alimenticias poco saludables, demasiada comida, y nada de ejercicio.

Pero el próximo año será diferente. ¿Por qué?

Por que el 31 de diciembre, fijaremos nuestro propósito de Año Nuevo de perder peso. Fijar una meta de Año Nuevo es como un ritual. Todos lo hacen. Por lo tanto, nosotros deberíamos de hacerlo también.

Nos decimos a nosotros mismos:

"Este año será mi año."

"Este año será diferente al fracaso del año pasado."

"Estoy 100% comprometido con mi propósito."

"¡Nada de metas pequeñas para mí!"

"Vaciaré la alacena y el refrigerador de toda la comida chatarra."

"Me registraré en el gimnasio local y compraré la membresía por 3 años."

"Esta ocasión, nada de membresía básica en el gimnasio. Pediré la membresía platino, con acceso las 24 horas al día."

"La ropa deportiva nueva es una obligación. Mañana compraré ropa de diseñador para hacer ejercicio. Los colores coordinados me darán motivación."

"Déjame escribir mis afirmaciones y pegarlas en el espejo del baño."

"Haré el anuncio en redes sociales para que mis amigos sepan que este es mi año para bajar de peso."

¿Qué sucede en el Día de Año Nuevo?

Estamos en el gimnasio con nuestra ropa nueva, listos para entrar en acción. La adrenalina está fluyendo. Tenemos una sesión de ejercicio increíble. No podemos esperar a que sea mañana.

Nos levantamos, comemos un desayuno saludable, y de nuevo con ganas de ir al gimnasio. La adrenalina está fluyendo. Tuvimos una sesión increíble. ¡Estamos vibrando de energía! No podemos esperar a que sea mañana. Sí, estamos orgullosos de nosotros mismos.

¿El día siguiente? Es una historia diferente.

Nuestro cuerpo nos duele sólo de pensar en levantarnos de la cama. No podemos agacharnos para atar nuestros cordones. No hay manera de que nuestros brazos puedan girar el volante para conducir al gimnasio. Mientras seguimos recostados en cama, ordenamos una pizza suprema a domicilio para aliviar nuestra depresión.

Está bien, un día malo. Podemos vivir con eso. ¿Pero el día siguiente?

Nuestros brazos todavía duelen. ¿Cómo pueden sentirse adormecidos y doloridos al mismo tiempo? Recordamos ese genial sabor de la pizza suprema. Ahora tenemos hambre. Pero, debemos ir a trabajar. Tal vez podríamos pasar por algunas rosquillas de camino a la oficina. No hay tiempo para la tortura del gimnasio el día de hoy.

¿Dónde salió mal todo?

Resulta que no nos gusta hacer ejercicio. Suena bien en nuestra mente, pero la realidad es que no encontramos alegría al infligir agonía adicional sobre nuestro cuerpo.

Para alguien que disfruta hacer ejercicio, alguien que disfruta socializando en el gimnasio, y experimenta alocadas descargas de adrenalina mientras golpea el hierro... hacer ejercicio en el gimnasio local tiene sentido. Para esa persona, sus metas están alineadas con quién son.

Desafortunadamente no somos esa persona.

Algunas veces nuestras metas están demasiado lejos de nuestra zona de confort. Algunas veces nos distraemos. Pero usualmente nuestras metas fracasan debido a que no están alineadas con quién somos o con quién deseamos ser.

¿Qué podríamos haber hecho diferente?

Si miramos hacia adentro, tal vez somos una persona que valora estar con nuestra familia. En ese caso, deberíamos elegir una rutina de ejercicio diferente. Podríamos jugar con nuestros hijos en la alberca, salir a patinar con la familia, o ir a bailar con nuestra pareja.

Ahora estamos eligiendo algo que es divertido para nosotros, en lugar de algo que nos aterra. Nuestras posibilidades de lograr nuestras metas se incrementan.

¿Qué clase de actividad deberíamos elegir para nuestras metas?

¿Qué tal actividades que nos gusta hacer?

¿Qué hay de una actividad que extrañamos los días que no realizamos?

Deberíamos elegir algo divertido y que disfrutemos. Luego, disfrutaremos cada día mientras nos movemos hacia nuestras metas de éxito.

CUANDO TENEMOS LAS METAS CORRECTAS.

¿Podemos recordar una ocasión en la que esperábamos hacer algo emocionante? Tal vez fue cuando éramos niños. ¿Cómo nos sentíamos al despertar los sábados por la mañana? ¿Felices? ¿Con energía? ¿Dos días completos sin escuela? Era el mejor momento de nuestras vidas.

No teníamos que esforzarnos para salir de la cama. No estábamos de mal humor, ni cansados ni sin entusiasmo. No podíamos esperar a vestirnos y salir a jugar con nuestros amigos. Los fines de semana eran asombrosos. ¡Vivíamos para los fines de semana! Durante toda la semana pensábamos sobre el fin de semana que se aproximaba.

La motivación y la diversión son automáticas cuando nuestras metas encajan con quien somos como persona.

No hace falta cantar afirmaciones, recortar fotos para nuestro tablero de visión, ni meditar en silencio mientras visualizamos nuestras metas. Sabemos exactamente lo que queremos, cada paso durante el camino es divertido y satisfactorio. Nos estamos moviendo hacia adelante a nuestras metas.

¿Cómo sabemos cuando nuestras metas de redes de mercadeo son adecuadas para nosotros?

Fácil. Sólo observa nuestras acciones.

¿Qué es lo que la mayoría de las personas hacen el sábado por la mañana? Quieren dormir hasta tarde y relajarse después de una larga y estresante semana en el trabajo.

¿Qué es lo que los empresarios de redes de mercadeo felices hacen los sábados por la mañana? Revisamos nuestra oficina virtual y miramos nuestro volumen de ventas. Revisamos si alguien nuevo se unió a nuestro equipo durante la noche. Esto no es una tarea; es entretenimiento. Esto es lo que queremos hacer.

Cuando nuestras metas están alineadas con quien somos y lo que queremos, nunca hay un problema con la motivación. Todo es divertido. Todo lo que hacemos nos mueve hacia nuestra meta.

¿Quieres otro ejemplo?

Productos para la salud. ¿En serio?

En la preparatoria, detestaba las tareas. Leer libros lucía como una pérdida de tiempo. Quería tocar la batería o pasar tiempo con mis amistades. Y adivina qué clase de libros teníamos que leer en la preparatoria? Sí, de los aburridos.

Pero cuando comencé en redes de mercadeo, vendía productos para la salud. Mi actitud cambió. Leer libros sobre salud y nutrición se hizo interesante. Era divertido aprender nuevos y emocionantes datos sobre la salud. Quería leer a diario sobre salud y nutrición.

Si había una conferencia sobre salud, estaba felíz de asistir. Si había un artículo en internet sobre nutrición, yo lo leía con gusto.

Mi meta era aprender todo lo posible sobre los productos en mi negocio. Quería ser exitoso, y la educación sobre el producto lucía como un paso importante que debía de dominar.

¿Quieres otro ejemplo de lo que se siente cuando nuestras metas son las correctas? ¿Cuándo tenemos una motivación natural de lograr nuestras metas?

Las vacaciones de ensueño con la familia.

Ahorrar dinero no es muy divertido. ¿Pero qué tal si tuviésemos una meta que está alineada a nuestros valores?

Imagina por un momento que nuestros valores incluyen pasar tiempo con nuestra familia. Una meta de unas vacaciones en familia sería emocionante. Sólo pensar en todos los recuerdos que crearía nos motiva a planear y ejecutar nuestro plan.

En lugar de comer en restaurantes lujosos, nos sentiríamos bien comiendo en casa para ahorrar dinero para las vacaciones. Incluso ahorrar algunos dólares aquí y allá crearía un sentimiento de felicidad. La familia completa disfrutaría al vaciar el cambio dentro de nuestra alcancía de cochinito.

¿Estaríamos motivados? Por supuesto. Buscaríamos cualquier oportunidad para ahorrar dinero para nuestro viaje de ensueño. No nos sentiríamos privados por perdernos alguna experiencia placentera. Cada moneda, cada dólar que ahorremos nos dará ese sentimiento de emoción de acercarnos a nuestra meta.

¿Quieres un secreto genial sobre fijar la meta correcta?

La felicidad no consta solamente de alcanzar nuestro destino, sino que la felicidad también ocurre de camino a nuestra meta.

CONSISTENCIA.

Como vimos en el capítulo pasado, cuando tenemos las metas correctas, experimentamos felicidad mientras logramos nuestra meta. El camino a nuestra meta no es desagradable, doloroso ni aburrido.

Queremos preguntarnos a nosotros mismos, "¿Disfrutaré mi camino hacia mi nueva meta?"

Si el camino es agradable, se hace fácil tener consistencia. La motivación ocurre naturalmente. Si el camino es desagradable, entonces no importa qué tan grande sea la recompensa, tener motivación será una batalla constante.

Si no tenemos consistencia en nuestro empleo, ¿qué ocurre? Nos despiden.

Por ejemplo, imagina que nos levantamos el lunes por la mañana y decidimos no ir a trabajar. No llamamos, no enviamos un correo electrónico, simplemente no nos presentamos. ¿Nos despiden de inmediato? Tal vez, tal vez no.

El martes por la mañana, nos levantamos y decidimos no ir a trabajar. No le avisamos a nadie de que no iremos. ¿Nos despiden? Tal vez, tal vez no. Quizá nuestro jefe nos deje un mensaje de voz buscándonos. Bueno, nosotros lo vamos a ignorar.

Si hacemos esto durante toda la semana, ¿qué ocurrirá? Hay una buena posibilidad de que nos despidan. Nuestro jefe no quiere pagarnos por no asistir a trabajar.

Sucede lo mismo en redes de mercadeo. Si evitamos actividades productivas durante un día, no nos despedirán. Si evitamos actividades productivas por varios días consecutivos, ¿qué estaremos haciendo? Nos estamos despidiendo a nosotros mismos. No recibiremos ningún pago.

¿Ser consistentes? Muy importante. La consistencia puede trabajar a nuestro favor o en nuestra contra. ¿En nuestra contra? ¡Por supuesto! Aquí tienes un ejemplo.

Algo apesta.

Imagina que tenemos una idea brillante de no tomar un baño hoy. ¿Aceptable? Por un día, seguro. Un poco más de desodorante o perfume y estamos listos para salir.

El día de mañana llega, y continuamos con nuestro embargo de higiene. Hmmm, algo no huele bien.

¿Día tres? De nuevo, nada de duchas. Algunos amigos amablemente nos recordarán de tomar un baño.

Enfrentémoslo. Después de una semana, apestaremos.

Y esto es lo que puede ocurrir con nuestro negocio de redes de mercadeo. Si evitamos las actividades productivas día tras día, nuestro negocio apestará.

Podemos ser consistentes para bien o consistentes para mal.

Es nuestra decisión.

LAS PERSONAS SON DIFERENTES.

Mira a tu alrededor. Las personas son diferentes. De hecho, nadie es idéntico a ti o a mí.

Tenemos motivaciones y programaciones internas diferentes. Tenemos diferente color de cabello, tipo de cabello, color de ojos, altura, género, etc. Sí, somos 100% únicos. Incluso los gemelos idénticos no son exactamente iguales. Algunas veces no puedes notar la diferencia, pero en el interior, son dos personas distintas.

Tenemos experiencias diferentes. Pensamos diferente. Queremos cosas diferentes.

Una talla no le queda a todos.

Eso significa que tus metas y mis metas son diferentes. Eso está bien.

Por supuesto, todos quieren los básicos. Comida, un techo, amor de los demás, etc. Pero pasando los básicos, queremos cosas diferentes en nuestras vidas. ¿Algunos ejemplos?

¿Cuántos restaurantes hay en tu área? Cuando tenemos hambre, ¿cómo elegimos a qué restaurante visitar? ¿Buscamos el restaurante menos costoso para ahorrar dinero y poder gastar más en otras áreas de nuestra vida? ¿O iremos tras la divertida experiencia de probar algo nuevo? ¿Decidimos el restaurante para que podamos ser vistos dentro de ese establecimiento por los demás? ¿O elegimos el restaurante que tiene la comida más fotogénica para que podamos tomar un *selfie* con nuestro platillo? ¿Tal ves decidimos por el restaurante más saludable? ¡O el de las porciones más grandes!

Hay tantas opciones. Tantas metas distintas. Y esto es sólo para una necesidad muy básica: alimentación. ¿Por qué tantas opciones? Por que cada uno de nosotros tiene programas y formas de ver el mundo diferentes. Vemos y apreciamos nuestro mundo de maneras únicas.

Y se pone más complicado. Piensa en nuestro ambiente. ¿Nuestros padres influenciaron nuestras decisiones? ¿Seguimos las elecciones de nuestros padres? ¿O tenemos un programa interno de adolescente para hacer exactamente lo opuesto de nuestros padres?

Está bien. Esto es obvio. Personas diferentes quieren cosas diferentes.

Así que revisemos las diferentes reacciones de un seminario sobre fijar metas.

El conferencista súper triunfador.

Cuatro distribuidores, con cuatro personalidades diferentes, deciden asistir a un taller de un día sobre fijar metas.

El conferencista invitado es el productor #1 con una organización internacional de decenas de miles de personas.

Tiene confianza, es exitoso, y luce como si se hubiese graduado de una academia de modelaje.

Hora #1: El conferencista comienza con: –Estoy calificado para hablar, por que soy muy exitoso.– Suena genial. No querríamos escuchar a alguien fracasado.

Hora #2: El conferencista dice: –Déjenme mostrarles fotos de mis logros.– Las imágenes capturan nuestra atención. Foto tras foto de:

- Autos de lujo.
- Casas de verano.
- Viajes por el mundo.
- Asientos preferenciales para eventos deportivos.
- Vuelos en jets privados.
- Botellas de champaña de $1,000 dólares.
- Comidas en restaurantes tan lujosos que las porciones caben en una cuchara.
- Contratar a un comprador privado.

No todos están soñando con lo que podría ser posible.

Hora #3: El conferencista dice: –Aquí hay algunas revistas de lujo. Escojan lo que quieren cuando alcancen el siguiente nivel en su negocio.–

Conversaciones durante la comida.

Durante la comida, los cuatro distribuidores están sentados en la misma mesa. ¿Su conversación?

Ron está emocionado: –Este taller de fijar metas es fantástico. Es como si el presentador y yo fuésemos hermanos de sangre.

Pensamos lo mismo. Quiero tomarme fotos frente a mi nueva mansión y enviarlas a todos lo que fueron rudos conmigo durante la preparatoria. ¿Por qué alguien tendría sólo dos coches de lujo cuando se pueden tener siete? No puedo creer que no tenga una cava tan grande. En mi futura colección, tendré por lo memos 2,000 botellas de vino con precios ridículos. Estaré listo para cualquier cena inesperada. ¿Comprador privado? ¡Yo tendré todo privado! Mayordomo privado, cocinero privado, ama de llaves privada, lustrador de zapatos privado, y apenas estoy empezando. Sí, este conferencista podrá ser el #1 en la compañía ahora, pero cuidado. ¡Yo lo haré #2 muy pronto!–

Betsy se siente confundida. Ella pregunta: –¿Por qué su alberca no tiene un tobogán? ¿De qué sirve una alberca si no instalas un tobogán o por lo menos un trampolín? ¿Cómo se puede divertir con un charco tan aburrido? ¿Qué tal su jet privado? Nada más tiene ocho asientos. Eso no suena como una buena fiesta. Además, el techo tan bajo hace imposible que se pueda bailar en ese avión. ¿Por qué come en restaurantes tan exclusivos con menús tan exóticos? ¿No sería más divertido hacer una barbacoa enorme en el jardín trasero, un bufete o una fiesta de pizzas? ¿Cava de vinos? No me gusta el vino tino. ¿Sentarme con mis amigos en la cervecería artesanal y jugar cartas? ¡Eso sí sería asombroso!–

Gary es el silencioso en la mesa. Él sólo hace un comentario: –Sólo un tonto gastaría tanto dinero en artículos de lujo que generan impuestos. ¿No sabe acaso que hay beneficios de impuestos con ciertas inversiones de bonos? Nunca podremos salir adelante financieramente si invertimos nuestro dinero en pasivos con alta depreciación.–

Yvette es amable. Ella espera a que todos en la mesa terminen de hablar antes de compartir sus pensamientos: –Yo estoy tan felíz por el éxito del presentador. Él ama su vida. Cuando mencionó una gran casa, sentí como si me estuviese hablando a mí. Si yo tuviera una casa así de grande, mis nietos podrían quedarse a dormir y jugaríamos juntos. ¿Pero para qué esa cochera tan grande? Sólo necesito una minivan de doble cabina para pasar por mis nietos y llevarlos de paseo. ¿Cómo mantiene su coche tan limpio? Mi coche está lleno de envolturas de comida rápida y juguetes para mis nietos. No estoy segura sobre eso de viajar por el mundo a menos que toda mi familia pueda acompañarme. En lugar de eso, yo creo que podríamos rentar una casa rodante enorme para que todos se diviertan mientras yo conduzco camino a Disney.–

Cuatro distribuidores. Cuatro puntos de vista diferentes.

Si nos reuniéramos con estos cuatro distribuidores para comer, ¿cuál punto de vista se sentiría más natural para nosotros?

No hay uno correcto o incorrecto.

Pero analizar nuestro punto de vista, y elegir metas de acuerdo a ello, es el reto. ¿Cómo sabremos lo que funcionará para nosotros?

Eso se hace mucho más fácil cuando aprendemos y combinamos los dos grandes factores que determinan cuáles metas son las adecuadas para nosotros.

¿Listo para comenzar?

LOS DOS FACTORES PARA HACER QUE NUESTRAS METAS SE SIENTAN BIEN.

¿Qué ocurre cuando nuestras metas no se sienten bien? Para algunos, es un sentimiento de náusea en la boca del estómago. Para otros, no sienten motivación alguna para comenzar a trabajar hacia esas metas. Y para el resto, cualquier mínimo miedo los detendrá de tomar acción por que no sienten un aprecio por sus metas.

Así es, si nuestras metas no se sienten bien, podríamos estar perdiendo nuestro tiempo.

¿Pero qué ocurre cuando nuestras metas se sienten bien?

1. Permanecemos emocionados.

2. No podemos esperar a comenzar el día.

3. Nunca nos retrasamos. Esto es demasiado divertido.

4. No tenemos miedos. Nuestras metas son más grandes que el miedo.

Así que veamos cómo podemos fijar las metas correctas para nosotros mismos.

Personalidad + valores = nuestras metas.

Aquí están los dos factores que podemos usar para personalizar nuestras metas.

1. Nuestro color de personalidad.

2. Nuestros valores personales.

Combinar estos dos factores y fijar las metas personales correctas crea magia. Fijar metas instantáneamente se convierte en... ¡lograr metas!

Primero, debemos darle un vistazo a nuestros programas internos. Casi desde el nacimiento, desarrollamos un cierto punto de vista del mundo. Las personas le llaman a esto nuestra personalidad.

¿Desde el nacimiento? Veamos un ejemplo.

Una familia tiene cuatrillizos. Dentro de unos pocos meses de haber nacido, los padres notan las diferentes personalidades de cada uno de sus bebés.

- A un bebé le encanta explorar.
- A otro bebé le gusta acurrucarse.
- El tercer bebé ama el entretenimiento.
- Y el cuarto bebé desea independencia y trata de hacerlo todo por su cuenta.

Los niños cargarán estas diferentes personalidades hasta la edad adulta.

En el siguiente capítulo, comenzaremos a describir los cuatro diferentes "colores" de la personalidad. Cada personalidad tendrá diferentes metas que parten de su forma de ver el mundo.

Luego, veremos los valores. Todos tenemos valores, pero le damos más importancia a algunos valores más que a otros. De nuevo, esto afectará sobre nuestras elecciones de metas.

Demos un vistazo al primer color de la personalidad, y las metas que podrían ser adecuadas.

LA PERSONALIDAD AMARILLA.

Este es el primero de los cuatro colores de las personalidades. Si la siguiente descripción se siente bien, somos una personalidad amarilla. Y si no se siente bien, eso sólo significaría que somos alguno de los otros tres colores de personalidad.

Las personalidades amarillas son personas que desean ayudar a los demás. Si quieres un atajo, simplemente recuerda la palabra "ayuda." Las personalidades amarillas encuentran la felicidad en ayudar a otros a que disfruten sus vidas. Usualmente piensan más en otras personas de lo que piensan en ellos.

Todos aman a las personalidades amarillas. Ellas son las más agradables y comprensivas de todas las personalidades. Debido a su forma de ver al mundo, encontraremos muchas personalidades amarillas en profesiones tales como:

- Trabajo social.
- Profesorado.
- Enfermería.
- Terapia de masajes.
- Ministerio.

¿Podemos pensar en personas que siempre son de ayuda? Podrían ser personalidades amarillas. Por ejemplo, cuando alguien está enfermo, ¿quién es el primero que hace de voluntario para ayudar? ¿O quién se preocupa en cada fiesta, queriendo asegurar que cada invitado se sienta bienvenido?

¿Necesitamos más ayuda visualizando a una personalidad amarilla?

Piensa sobre las princesas en las películas de Disney. Cenicienta es el perfecto ejemplo de una personalidad amarilla.

¿Pero qué hay sobre las metas de las personalidades amarillas?

Imaginemos una personalidad amarilla. ¿Qué querría esa personalidad en su vida para sentir felicidad y satisfacción? Aquí hay algunos ejemplos:

- Pasar tiempo con los nietos.
- Una oportunidad para ir en un viaje de misioneros.
- Remodelar la cocina para hacerla más amigable para la familia.
- Una alberca en el patio trasero para los niños.
- Organizar un grupo voluntario para limpiar los parques locales.
- Fundar para investigar una vacuna para detener una enfermedad.

Estas metas están alineadas con lo que una personalidad amarilla podría desear.

¿Qué metas no estarían alineadas?

¿Podrías imaginar a una personalidad amarilla queriendo esto?

- Ganar más dinero que su vecino de al lado.
- Tener un coche más lujoso que el de su hermana.
- Amasar un gigantesco portafolio de inversiones.
- Entrenar por horas para ganar la carrera local de 10Km.
- Conseguir trofeos y placas de reconocimientos.

No, estas metas no le traerían felicidad a una típica personalidad amarilla. Recuerda, las personalidades amarillas quieren ayudar a otros a lograr estos tipos de metas.

FIJAR METAS PARA PERSONALIDADES AMARILLAS.

Durante este libro, usaremos un ejemplo común de meta. ¿Nuestra meta? Conocer personas nuevas para nuestro negocio de redes de mercadeo. Será fácil ilustrar las diferentes personalidades con esta meta en común.

Mostraremos cómo las diferentes personalidades eligen actividades diferentes y mini-metas para conocer personas nuevas para su negocio de redes de mercadeo.

Comencemos hablando sobre Belinda, una personalidad amarilla.

La historia de Belinda.

Belinda ama ayudar a las personas. Su vida se rodea de sus nietos y pasar tiempo de calidad con ellos. También adora:

- Su compañía, por que sus productos le ayudan a las personas a vivir y disfrutar de una mejor salud.
- Su cheque de comisiones, por que puede ayudar a sus nietos y a caridades locales.
- Cómo sus líderes de equipos reciben cheques de bonificación para que puedan renunciar a su segundo trabajo, tener mejores vacaciones, y demás.

¿Qué actividad de negocio encaja con la personalidad de Belinda?

Todos los días se despierta y se pregunta, "¿Cómo puedo ayudar?"

No hay rechazo cuando nos ofrecemos a ayudar personas. El rechazo viene de tener motivos ocultos y tratar de crear amistades condicionales. El miedo de conocer personas nuevas se va para Belinda gracias a su fuerte deseo de contribuir.

Las personas pueden leer nuestras intenciones. Quizá sea lenguaje corporal, o palabras que usamos. Belinda encuentra satisfacción y felicidad cuando contribuye a la mejora de las vidas de las personas. Es por eso que las personas reaccionan hacia ella positivamente.

¿Entonces cómo es que Belinda crea relaciones con casi todas las personas que conoce?

Al encontrar maneras de ayudar a las organizaciones locales sin fines de lucro, al ayudar recaudando fondos, ofreciéndose como voluntaria en clubes, y participando en grupos locales de jóvenes en su área. Todos estos grupos requieren voluntarios. Le dan la bienvenida a Belinda con los brazos abiertos.

Todos los días son días de "diversión." Belinda puede hacer lo que ama hacer. Alcanza sus metas de conocer personas y crear relaciones con las actividades dentro de su zona de confort. Para Belinda, todos los días son el día perfecto. ¿Qué podría ser mejor?

Aquí hay un ejemplo de cómo Belinda ayuda a sus nuevos contactos. Primero, les ayuda a comprometerse con una mejor salud en sus vidas. Los registra en un pedido mensual automático de productos de salud. Parte de las ganancias de ese pedido automático mensual se destinan a apoyar organizaciones locales de caridad. Esta es una propuesta ganar-ganar-ganar que hace felices a todos.

La historia de Charlie.

Si hay una actividad voluntaria que necesita ayuda, Charlie está en ello. Cuando su vecindario necesitó otro miembro en la Mesa Directiva, él sabía que podría hacerlo. La comunidad es importante para las personalidades amarillas. ¿Y qué hizo Charlie para incrementar su involucramiento en la comunidad? Aquí hay una lista parcial.

- Hizo el vecindario más amigable para niños. Organizó actualizaciones para el área de juegos local.
- Planificó el desfile local del verano.
- Organizó más salvavidas voluntarios para extender las horas en la alberca del vecindario.
- Incrementó la cantidad de miembros dentro de los grupos de voluntarios.
- Comenzó las "noches de película" de los viernes en la alberca, completo con postres de helados multicolores.

¿Charlie tuvo que pedirle a las personas que se unieran a su negocio? No. Todos apreciaban sus esfuerzos, y por supuesto, querían saber más sobre lo que Charlie hacía para vivir.

Muchas personas se unieron al negocio de Charlie, pero ¿qué fue lo mejor? Le enviaron referidos y personas que sabían que podrían ser geniales para el negocio.

Fijar metas es fácil para las personalidades amarillas. Pero, ¿qué hay de otras metas que las personalidades amarillas desean?

MÁS METAS PARA PERSONALIDADES AMARILLAS.

Conocer más personas es genial, pero ¿qué más pueden lograr las personalidades amarillas? Demos un vistazo a algunas de las otras metas.

El Mamá-móvil.

Como madre soltera, Linda balancea su trabajo de tiempo completo y los cuidados de ser madre. Cuando Linda se unió a redes de mercadeo, su primera meta fue tener cien dólares extras cada semana como red de seguridad. Luego esa meta creció a vacaciones con los niños. Después, la meta creció a largas vacaciones familiares.

Después de ir de tiempo completo en su negocio, decidió ir por una meta aún más grande. Le llegó la idea de tener la mini-van más completa para su familia. ¿Qué clase de opciones tendría su minivan?

- No un reproductor regular de DVD en los respaldos, sino TV satélite on-demand y películas para cada asiento.
- Aire acondicionado y calefacción individual en cada asiento.

- Auriculares Bluetooth en lugar de cableados.
- Mesas de charola para comida, juegos, y tareas en el camino.
- Radio vía satélite y máquina de karaoke.
- Una mini aspiradora integrada.
- Un cesto de basura oculto y un cajón de reciclaje.
- Y una línea deportiva en los laterales para hacer sentir a los niños como en coche de carreras.

A Linda y a su familia les fascina viajar no sólo camino a la escuela, sino viajar a donde sea. ¡También se convirtió en la mejor chaperona para las excursiones de campo! Todos adoraban viajar en su minivan de lujo en las excursiones a museos y parques.

La historia de Mary.

Mary no puede vivir sin sus cafés sofisticados. "Adicta" sería una buena palabra para describirla. Tres veces por semana ella viaja a la cafetería local para su dosis de cafeína y azúcar.

Mary solía pasar por la ventanilla de servicio al auto de camino a su trabajo. Ahora, como empresaria de redes de mercadeo de tiempo completo, ella visita sus cafeterías favoritas para reunirse con prospectos y con su equipo. Con Wi-Fi gratis y bastante café sofisticado, las reuniones son divertidas.

Lo que antes era un hábito costoso ahora se convirtió en un gasto de negocio. Utiliza la cafetería para ver prospectos y entrenar a su equipo.

Pero la adicción de Mary al café la lleva a hacer más.

Mary convierte el nicho vacío del desayunador en una cafetería en casa. Es un sueño hecho realidad. Ella no compra una cafetera normal. En lugar de eso, compra una cafetera de espresso industrial.

Encuentra un amor más profundo a su bebida favorita y compra un uniforme de barista, sólo por diversión.

Ahora en lugar de reunirse con prospectos en la cafetería local, Mary los invita a su propia cafetería personal en el nicho del desayunador. También realiza las reuniones con su grupo en su casa. No más gastos por reuniones y no más bebidas caras. El grupo usa los ahorros para comprar muestras gratis para construir sus negocios.

La historia de Andy.

Después de perder a su hermano por depresión, Andy quería hacer del mundo un lugar mejor. Sabía que si las personas, especialmente los adolescentes, tuviesen a alguien con quién hablar, siempre escogerían un mejor camino.

Comenzó reuniones sociales semanales en el centro comunitario. Ahora las personas podrían reunirse para jugar deportes, juegos de mesa, o sólo charlar.

Con un ingreso de tiempo completo de su negocio de redes de mercadeo, Andy tuvo bastante tiempo de expandir su contribución. Luego vino la línea de ayuda y prevención al suicidio. Andy planea más proyectos. Siente satisfacción con cada hora de cada día al ayudar a otros. Todo esto fue posible con su tiempo libre y su ingreso residual.

La historia de Frank.

Todos dicen que desearían ofrecerse más como voluntarios. Pero todos tenemos límites. Otras obligaciones siempre están en nuestro camino. ¿La mayor obligación que la mayoría de las personas tiene? Un trabajo.

A Frank se le da ayudar. Entre más dinero ganaba en su negocio, más porcentaje podía dar a sus causas favoritas. Como emprendedor de medio tiempo en redes de mercadeo, finalmente pudo ser capaz de renunciar a su segundo empleo. Esto le dio a Frank el tiempo que requería para dedicarse a sus esfuerzos personales a causas nobles. Además, conoció a nuevos prospectos mientras ofrecía su tiempo.

¿Qué hay sobre el equipo de negocio de Frank? Muchos de ellos comenzaron con voluntariado también. Vieron que su negocio de redes de mercadeo no sólo se trataba de dinero, sino que era también un vehículo que les daba opciones para hacer más con sus vidas.

LA PERSONALIDAD AZUL.

¿La personalidad amarilla no nos describió? Hablemos sobre la siguiente personalidad. La personalidad azul. La mejor manera de recordar la personalidad azul es pensar en una palabra, "diversión."

A las personalidades azules les fascina la fiesta, experimentar nuevas aventuras, ver cosas nuevas, y les encanta tener una vida social las 24 horas del día. Las personalidades azules son fáciles de reconocer debido a que siempre están hablando. Busca a alguien con mucha energía, cortos lapsos de atención, y una vida muy activa.

Debido a su forma de ver al mundo, encontraremos muchas personalidades azules en profesiones tales como:

- Ventas.
- Relaciones públicas.
- La industria de viajes.
- La industria de hospitalidad.
- Camarero o barman.

¿Conocemos a alguien que habla mucho? ¿Conocemos a alguien con energía ilimitada? ¿Qué tal de ese guía de viajes que nunca dejaba de hablar? ¿O ese primo quien siempre tiene una nueva historia que contar?

¿Necesitamos más ayuda para visualizar a las personalidades azules?

¿Qué hay del personaje de caricaturas Bob Esponja? ¿O Bugs Bunny? Cortos periodos de atención, energía ilimitada, y emocionados por la vida.

¿Pero qué hay de metas para personalidades azules?

¿Todavía tenemos la imagen de la personalidad azul en nuestra mente? ¿Cómo esa persona querría conocer gente nueva? ¿Qué actividad disfrutaría naturalmente esa persona? Aquí hay algunos ejemplos:

- Organizar un grupo de amigos para un viaje de fin de semana.
- Viajar y ver cosas nuevas tres semanas de cada mes.
- Una oportunidad de hablar con un grupo, cualquier grupo.
- Asistir a eventos y conocer nuevas personas.
- Tener una lista de sueños con cosas emocionantes para experimentar.

Estas serían las típicas metas de las personalidades azules.

¿Qué metas no estarían alineadas?

¿Te imaginas a una personalidad azul deseando estas metas?

- Un día silencioso en casa mientras leen un libro.
- Un aburrido empleo nocturno como vigilante.

- Sentarse frente a la computadora por horas monitoreando y calculando sus posibilidades de inversiones.
- Pasar horas organizando una colección de arte en miniatura.

Estas metas podrían ser una completa tortura para una personalidad azul. Quieren vivir. Quieren experimentar. Quieren divertirse.

FIJAR METAS PARA PERSONALIDADES AZULES.

De nuevo, nuestra meta será conocer personas nuevas para nuestro negocio de redes de mercadeo. ¿Esto será difícil para las personalidades azules? ¡Para nada! Conocer personas nuevas es natural para las personalidades azules. Cualquier actividad que involucre otras personas será natural y divertida.

A diferencia de otras personalidades, a las personalidades azules les gusta la acción. No quieren perder tiempo planeando y midiendo sus logros. El papeleo y las estadísticas son para que otras personas se preocupen.

Demos un rápido vistazo a las típicas actividades y mini-metas de la personalidad azul. Recuerda, la meta es conocer personas. Estas actividades ayudarán a lograr esa meta.

La historia de Tim.

Todas las mañanas Tim se pregunta, "¿Con quién puedo hablar? ¡Estoy listo para algo de diversión! ¿Que venga la acción!"

Tim es todo energía. Te motiva sólo estar cerca de él. Ama la diversión y le fascina hablar.

Nadie es un extraño; si hacen contacto visual, él asume que quieren hablar con él. Su negocio de redes de mercadeo encaja a la perfección con su personalidad. Él puede hablar con todos, y me refiero a **todos**. Él trata de estar constantemente dentro de un grupo de personas.

¿Qué es lo que hace de Tim un profesional? En lugar de hablarle "a" las personas, él aprendió a hacer preguntas. Hacer que otros se enganchen en la conversación es la clave. Nadie quiere escuchar un monólogo de Tim.

¿Qué tipo de actividades encontrará Tim para su meta de conocer personas nuevas e interesantes? Aquí hay algunas cosas que Tim podría hacer:

- ¿Clases de cocina vegana orgánica? A Tim le gusta la carne, pero pensó que sería divertido probar una dieta más variada.
- ¿Club de libros de ciencia ficción? La historia sería interesante, pero no tanto como hablar con otros miembros del club sobre la historia.
- ¿Lecciones gratuitas de contabilidad en la biblioteca? Esto fue un gran estiramiento. Tim nunca regresó a la segunda clase. Pero, pudo hablar con otras personalidades que son extremadamente introvertidas. Fue una oportunidad para conocer personas nuevas con un punto de vista diferente.
- ¿Un grupo de paseadores de perros? ¿Por qué no? Tim no tiene perro, pero puede pedir prestado uno. Los paseadores de perros son una audiencia cautiva para Tim. Conversaciones geniales mientras caminan en el parque o cuidan los perros mientras corren. ¿Y sobre qué

les gusta hablar a los dueños de perros? Sí, les encanta hablar sobre sus perros.

- ¿Reuniones del vecindario? Todo mundo ama al maestro parrillero. Tim no asaría hamburguesas. Muy aburrido. Él asaría algo más exótico que trajera personas a su parrilla. ¡Conversación instantánea!
- ¿Cupones de descuento? Cualquier cosa puede ser una excusa para que una personalidad azul comience una conversación. Tim buscaría cupones de descuento de restaurantes nuevos, y luego organizaría un club de cenas improvisado. Cupones de descuento para parques de diversiones fueron aún más divertidos, también pasó un divertido día de entretenimiento. Pintura, paracaidismo, tours locales, clases de ejercicio, boletos para conciertos, las posibilidades son ilimitadas.
- Y Tim naturalmente dijo, "Sí." ¿Alguna vez has visto la película Yes Man? El personaje principal de esta película del 2008 es interpretado por Jim Carey. El personaje tenía una personalidad tensa, enfocado sólo en negocios. Fue hipnotizado para decir "sí" a toda pregunta. Aprendió un nuevo idioma. Aprendió a volar un avión. Todo lo que las personas le pedían que hiciera, él tenía que decir "sí." Se transformó en una personalidad azul por que se dio cuenta de toda la diversión que se perdió en su antigua y estructurada vida enfocada en su negocio. Un "yes man" conocerá cientos de personas nuevas.

¿Recuerdas la gran meta?

Era conocer personas nuevas. Observa las actividades divertidas que Tim hace para alcanzar su meta.

¿Todos los días son geniales para Tim? ¡Así es!

Tim no necesita una conferencia motivacional por la mañana. No necesita incentivos adicionales para superar sus miedos. Las actividades de Tim son naturales para él, dentro de su zona de confort.

No tenemos miedo, sólo diversión, cuando nuestras actividades encajan con el color de nuestra personalidad. Nuestro camino hacia nuestra meta es fácil, natural y muy agradable.

Crear actividades para conocer personas nuevas es natural y fácil para las personalidades azules. Pero, ¿qué hay sobre otras metas que las personalidades azules desean?

MÁS METAS PARA PERSONALIDADES AZULES.

Conocer personas nuevas es genial. A las personalidades azules les encanta esta actividad. Pero ¿qué otras metas podemos lograr como personalidades azules con nuestro ingreso de redes de mercadeo? Vamos a expandir nuestras opciones.

Los abuelos fiesteros.

Queriendo jubilarse antes, Marty y Sally sabían lo que querían obtener de su negocio. Seguro, el ingreso de tiempo completo era bueno, pero lo que realmente querían era pasar tiempo con sus nietos. Y, querían poner en marcha esa meta a toda velocidad.

El clima de su ciudad les permite que la "temporada de albercas" sea de seis meses. ¿Por qué no tener una alberca, pero que sea la mejor alberca que exista?

En lugar de escalones, diseñaron una entrada para que todos los niños, de todas las edades y capacidades, pudieran entrar al agua de forma segura.

¿Un tobogán? No sólo un tobogán ordinario. Su alberca tiene un tobogán gigante que tiene espacio para toboganes internos.

Dos trampolines para clavados. Un trampolín regular y por supuesto, un trampolín de gran altura para los adolescentes llenos de adrenalina.

¿Qué tan profundo era el lado profundo de su alberca? Lo suficiente como para dar clases y certificar a sus nietos como buzos profesionales.

La casa de Marty y Sally se convirtió en la Central de Fiestas, y los nietos siempre esperaban sus visitas. La hora de la alberca era tiempo de calidad para divertirse y estar juntos.

El dúo viajero.

¿Bob y Jana? Ellos fueron hechos para viajar. Después de que los niños dejaron la casa, ellos sabían que era el momento. Vender la casa, cambiar el coche por una motocicleta. Comprar una casa rodante. Prepararse para visitar a su organización a lo largo del país.

Mientras visitan a los miembros de su familia, encontrarían su próxima aventura.

- Detenerse en todos los parques de diversiones con montañas rusas de primera.
- Conocer todos los parques nacionales.
- Viajar a través de la carretera del Pacífico.
- Asistir a la Semana de las Motos en Florida.
- Disfrutar festivales de música.
- Hacer paracaidismo en cada estado que visitaron.
- Visitar a sus hijos en la universidad y asistir a los juegos de fútbol.

¿Y qué fue aún mejor?

Cada lugar que visitaron, los locales les recomendaron la aventura escondida más reciente. ¡Nunca hay un día aburrido para Bob y Jana! ¿Su lema? "Que sigan llegando esos cheques de redes de mercadeo."

LA PERSONALIDAD ROJA.

Ahora, si las personalidades amarillas y azules no se sintieron naturales para nosotros. Tal vez seamos una personalidad roja. Las personalidades rojas encuentran felicidad en los logros, el reconocimiento y en tener poder y dinero.

Muchos atletas reconocidos son personalidades rojas. No corren la carrera por diversión. Y, no irán más despacio para que alguien más tenga la satisfacción de ganar. Ellos compiten contra los demás, y pueden competir contra ellos mismos. Las personalidades rojas son personas de resultados. Ellos miden todo en base a resultados.

Debido a su forma de ver el mundo, encontramos personalidades rojas en profesiones como:

- Política. "Sí, vota por mí, para que pueda decirte qué hacer."
- Gerentes y jefes.
- Organizadores.

¿Conocemos a alguien que quiere tomar el control? ¿Alguien que quiere organizar las cosas y hacer que el proyecto se mueva? ¿Personas que pueden permanecer ultra-enfocadas para conseguir los resultados que quieren?

¿Necesitamos algo de ayuda para visualizar a las personalidades rojas?

Presidentes, primeros ministros, atletas que fijan récords mundiales, y el vecino que desesperadamente quiere ser el presidente de la mesa directiva de la escuela local de voluntarios. O vendedores competitivos, organizadores de la junta educativa, y personas que fijan metas para todo.

¿Qué clase de metas quieren las personalidades rojas?

Cuando pensamos en poder, logros, y estar a cargo, estos serían ejemplos naturales de las metas de una personalidad roja:

- Ganar las elecciones locales.
- Ser elegido para el salón de la fama de la mesa directiva.
- Organizar el evento de caridad de la comunidad para recaudar suficiente dinero para la construcción de un hospital.
- Acumular el portafolio de inversiones más grande entre sus amistades.
- Tener el más nuevo, rápido, y más deseado auto con placas personalizadas.

¿Qué metas no estarían alineadas?

¿Te puedes imaginar a una personalidad roja deseando estas metas?

- ¿Pasar unas vacaciones tranquilas, en una isla desierta?
- ¿Pasar horas en una fiesta charlando sobre chismes locales?
- ¿Tener 30 minutos al día para meditar en silencio y contemplación?

- ¿Comenzar una clase de bordado?

Por supuesto que no. Las personalidades rojas quieren medir su éxito y batir sus récords anteriores.

FIJAR METAS PARA PERSONALIDADES ROJAS.

Conocer gente nunca es un problema para las personalidades rojas. ¡Claro que no son tímidas! Los rojos tienen las respuestas para los problemas de todos, y no dudarán en decirle a las demás personas exactamente qué deberían de hacer.

Si conocer personas nuevas fuese un juego de números, las personalidades rojas querrían ganar. Y a pesar de que conocer personas nuevas no es un juego, las personalidades rojas llevan su marcador. ¡Compiten contra sí mismos!

La historia de Mandy.

Competitiva y con ímpetu, Mandy está lista para dominar al mundo. Ella ama los retos y mide su desempeño con victorias. Como triunfadora en la preparatoria, ella se aseguró de graduarse en tiempo récord en su universidad.

¿Qué puede hacer Mandy con su conocimiento? Una vez por semana, ella y sus compañeros de trabajo asisten al bar local y compiten en concursos de preguntas. Esto significa que cada semana ella conoce por lo menos 10 personas nuevas. No conforme con sólo una noche por semana, Mandy organiza competencias adicionales durante sus viajes de negocio.

Mandy busca una mayor estimulación mental en las conferencias académicas gratuitas en la universidad. Aquí conoce personas que piensan como ella que quieren aprender y comprender cosas nuevas. Sus profundas conversaciones construyen conexiones entre el grupo.

Mandy salta de la cama cada mañana, ansiosa de afrontar el nuevo reto de su día. Ella se asegura de que sus retos incluyen contactar personas nuevas. Todos los días son un día genial para Mandy.

La historia de David.

David no cree en la paciencia. Directo y al punto, quiere que las personas sepan que su intención es construir su negocio... ¡ya! Cada evento y encuentro incluye una invitación directa a revisar su negocio.

Puesto que David es soltero, decidió probar con "citas rápidas." Afortunadamente, fue directo y honesto con todas las participantes de las citas. Él decía: –Estoy súper ocupado. Déjame ser franco. Si somos compatibles como pareja, no me verás mucho. Estoy trabajando duro en mi negocio para el futuro.–

Sí, un poco abrupto, pero por lo menos David estaba siendo honesto.

¿David ahuyentó a algunas participantes? Sí.

¿Algunas participantes salieron en una cita con David debido a que era un luchador? Sí.

¿Algunos de los prospectos rechazaron una cita, pero preguntaron sobre su negocio? Sí.

¿David encontró eventualmente una pareja compatible? Sí. Fue un buen sistema de prospección mientras duró.

¿David necesita motivación por las mañanas? No. David no puede esperar a ver a la primera persona del día para contarle sobre su negocio. David ama su negocio, y ama hablar sobre su éxito con otros.

Las personalidades rojas constantemente miden sus resultados directos. Detestan invertir tiempo en conversaciones sociales. Ellos enfocan sus actividades para obtener el mejor resultado posible por el tiempo invertido.

Para alcanzar sus grandes metas, sus interacciones son más de transacción que de relación. Las personalidades rojas encuentran la satisfacción al llevar un marcador de sus logros.

MÁS METAS PARA PERSONALIDADES ROJAS.

Conocer personas nuevas es genial. Las personalidades rojas tienen menos miedo al rechazo, y se sienten motivados por sus logros personales. ¿Pero sus metas están limitadas a llegar a la cima dentro de su negocio de redes de mercadeo? Por supuesto que no. Ellos usan sus habilidades e ingreso de redes de mercadeo para continuar creciendo en todas las áreas de sus vidas.

Bienes raíces.

Como una personalidad roja, Doris ama las inversiones donde puede tener el control. Nada de inversiones pasivas para ella. Es por ello que Doris ama los bienes raíces.

Ella sabía que su hogar natal en Florida es un destino atractivo para personas en busca de un retiro. ¿Entonces cuál es su estrategia?

Doris tomó su ingreso del negocio y se aproximó al corredor de bienes raíces local. Ella ofreció comprar rápidamente casas disponibles si le ofrecían un descuento. Doris no necesitó preocuparse por financiamientos. Su estado financiero era fuerte.

Dado que las casas en su área carecían de terrenos grandes y los herederos querían ganancias rápidas, Doris adquirió casas a precios geniales.

Después, Doris se aproximó con un corredor diferente que se especializa en jubilados buscando viviendas. Su ingreso residual significó que podía esperar para un precio de venta favorable.

Tan pronto como Doris vendió una casa, compró la siguiente. Su imperio de bienes raíces creció. Ella ama estar a cargo de sus inversiones. Nada de fondos mutualistas para ella. Ella ama estar a cargo de su portafolio de activos.

Fútbol juvenil.

Harry era una estrella del fútbol en sus días de preparatoria. Revivir esos recuerdos se sentía bien.

Así que tan pronto como el pequeño hijo de Harry pudo caminar, Harry organizó una liga de fútbol infantil. Armó el calendario de la liga, designó al estadista de la liga y fijó la fecha del draft de jugadores.

¿Puedes adivinar quién era el entrenador del equipo de su hijo?

Harry, por supuesto. Las personalidades rojas hacen que las cosas sucedan. Desde la planeación hasta la ejecución, Harry se aseguró de que la liga de fútbol infantil saliera adelante.

¿Harry disfrutó del proyecto? Por supuesto. Él graficó y mapeó todo desde el comienzo hasta el final.

¿Y este fue un modo genial de conocer a otros padres de familia? Sí. Todos conocían a Harry y lo respetaban por lo que había logrado.

La banda que hizo orgullosa a la escuela.

Cuando la hija de Anne se unió a la banda de la secundaria, ella inmediatamente tomó acción. ¿Por qué debería su hija de tener aburridas prácticas diarias en el gimnasio de la escuela? No para esta banda. ¡Esta banda irá al estrellato!

Anne recaudó dinero para uniformes. Después, consiguió presentaciones para la banda en vacaciones y eventos. Inclusive convenció a la escuela de usar el autobús escolar para llevar a la banda a otros distritos escolares. Ahora podrían tocar frente a frente en competencias especiales.

¿Los demás miembros de la banda se beneficiaron de esta experiencia mejorada para la banda escolar? ¡Sí! Y también les encantaron los nuevos trofeos que consiguieron.

¿Adivinas quién conoce ahora a todos lo padres de los miembros de la banda? Anne, claro. Ella conoció personas nuevas mientras ayudaba a la banda escolar a fijar nuevos estándares.

LA PERSONALIDAD VERDE.

Bien, si las personalidades amarillas, azules, y rojas no se sienten naturales para nosotros, quizá somos una personalidad verde. ¿Cuáles son algunos tratos de las personalidades verdes? Ellos encuentran la felicidad en las cifras, los datos, la investigación y la seguridad de tener toda la información.

Las personalidades verdes se toman el tiempo de tomar decisiones. Quieren explorar las diferentes posibilidades, y evaluar los riesgos o peligros de una decisión. Y sí, a las personalidades verdes les gusta estar en lo correcto. La ausencia de información crea estrés.

Debido a que esta es la forma en la que ven al mundo, encontramos personalidades verdes en profesiones tales como:

- Contabilidad.
- Ciencia.
- Tecnología y Computación.
- Ingeniería.

Las personalidades verdes están más cómodas con libros y computadoras. La interacción social no es un trato natural. Las personalidades verdes son lo contrario a las personalidades azules, extrovertidas e impulsivas.

¿Conoces personas que son cautelosas? ¿Alguien que se toma el tiempo de conseguir todos los datos? ¿Personas que quieren sentir seguridad sobre lo que hacen? Piensa en la palabra "seguridad."

¿Quieres algunos ejemplos de personalidades verdes que puedes mantener en tu mente?

Imagina a ese compañero de la preparatoria que siempre tenía notas perfectas en física, química, y matemáticas. O piensa sobre la persona que invirtió meses en diseñar un puente suspendido sobre el río. El deseo de conocimiento sería clave al determinar si somos una personalidad verde.

¿Qué tipo de metas tendrían las personalidades verdes?

Aquí hay una lista de ejemplos:

- Comprar una casa en un buen vecindario con una tasa de interés atractiva.
- Ahorrar más dinero del que gastan.
- Tener un auto económico con buen rendimiento.
- Nunca más tener preocupaciones de dinero ni deudas.
- Calcular su "valor neto" y mirar cómo crece.
- Tener ropa y zapatos que duren mucho tiempo para no tener que comprar más.
- Comprar activos a precios bajos y observar cómo se aumentan su valor.

¿Qué metas no estarían alineadas?

¿Puedes imaginar a una personalidad verde con estas metas?

- Un estilo de vida *hippie* y viajar con las finanzas al día.
- Comprar pasivos que pierden valor como un coche nuevo cada año.
- Un estilo de vida de fiesta con conversaciones superficiales con desconocidos.

Por supuesto que no. La seguridad está muy arriba en su lista. Además, las decisiones impulsivas son incómodas.

FIJAR METAS PARA PERSONALIDADES VERDES.

¿Recuerdas nuestra meta para este ejercicio? Es conocer personas nuevas para nuestro negocio de redes de mercadeo. De todas las personalidades, esto es lo más desafiante para las personalidades verdes.

¿Pero las buenas noticias? No es imposible. Las personalidades verdes deben realizar actividades que estén dentro de su zona de confort. Entonces consistentemente saldrán a conocer e interactuar con personas nuevas.

Veamos cómo las personalidades verdes logran esta meta.

La historia de Erica.

Como contadora, Erica no conoce personas nuevas muy a menudo en su oficina. Pero sus habilidades en matemáticas le ayudaron a descubrir que le fascina destilar cerveza en casa. Es un pasatiempo divertido, y ama probar las reacciones a diferentes materias primas.

¿Pero qué puede hacer con toda esa cerveza? No hay problema. Erica aprendió que era una celebridad instantánea cuando las personas se enteraban de su pasatiempo. No tenía que buscar a otras personas. Las personas amaban invitarla a sus fiestas y reuniones sociales. La animaban a traer muestras de su último lote de cerveza. Eso le dio a Erica algo de qué hablar.

Debido a su obsesión con el destilado casero, Erica descubrió el club local de productores de cerveza artesanal. Aquí conoció entusiastas con ideas similares. Pasaron horas discutiendo las sutilezas de su oficio. Los nuevos amigos eran fáciles de hacer. Tenían tanto en común y hablar entre sí era fácil y libre de estrés. ¡Quizá la cerveza ayudó un poco!

Ahora Erica espera con ansia las reuniones y busca nuevos clubes activamente.

La historia de Brian.

Brian pasaba sus horas de oficina dentro de un cubículo como editor de video. Era el trabajo ideal para su personalidad tímida. Conocer personas nuevas nunca habría ocurrido en su oficina. Pero, ¿qué es lo que las personas tímidas tienen como ventaja?

Son grandiosos al escuchar. A la gente le fascina que los escuchen. Brian encontraba fácil escuchar a otros mientras hablaban. Él sólo tenía que hablar cuando otras personas le hacían preguntas. Nada mal.

Mientras que Brian era un gran fanático de los deportes, no los practicaba mucho. Por supuesto que necesitaba ejercicio, pero correr lucía como algo muy competitivo. Investigó a través de los grupos locales en su comunidad y encontró un club de caminata. Se reunían seis veces por semana, dos veces al día. Eso le daba a todos la oportunidad de participar sin importar cómo era su calendario semanal.

Las caminatas eran fáciles. A los participantes les encantaban los nuevos miembros. Sí, alguien más con quien hablar.

Brian perfeccionó sus habilidades para escuchar, aprendió a hacer preguntas interesantes, y pronto se convirtió en el miembro más popular del grupo. Todos querían caminar con Brian. Algunos miembros se sentían solos. Algunos querían perder peso y algunos miembros participaban sólo para mantenerse activos.

Esta fue la oportunidad perfecta para que Brian pudiese conocer personas nuevas. Puesto que Brian vendía productos para pérdida de peso, conectar con clientes nuevos y distribuidores potenciales era fácil.

¿Su fórmula? Caminar, escuchar, y si alguien quería perder peso, dejar que se enteraran que él tenía una solución. Caminar era fácil y estaba dentro de la zona de confort de Brian. Él espera con ansias sus caminatas diarias. Relajándose, conversando casualmente y construyendo su negocio.

¿Qué más pueden hacer las personalidades verdes para conocer más personas?

Las redes sociales son geniales. Están disponibles 24 horas al día, y las personas no tienen que dejar sus hogares. Si la interacción se pone muy intensa, todo lo que se debe de hacer es alejarse de la computadora. Así que para las personalidades verdes, este es el lugar perfecto para expandir sus interacciones con más personas.

Haciendo simples consultas de búsquedas, las personalidades verdes pueden localizar personas nuevas para conversar con ellas, tales como:

- Personas con profesiones similares.
- Personas con intereses y pasatiempos en común.
- Personas que viven en la misma zona.
- Antiguos compañeros de clase.
- Aficionados a la buena comida con gustos similares.
- Entusiastas de juegos de mesa.
- Aficionados a los viajes.
- Fanáticos de los deportes.
- Personas que aman los mismos géneros de películas.

Mientras que las personalidades verdes no son tan sociales por naturaleza, pueden conectar con personas en ambientes cómodos y controlados. Puede requerir algo de imaginación hacer esto, pero las personalidades verdes están felices con los resultados consistentes.

MÁS METAS PARA PERSONALIDADES VERDES.

Conocer personas nuevas construye nuestro negocio. Pero, ¿qué más podemos hacer ahora que tenemos libertad de tiempo y dinero de nuestro negocio de redes de mercadeo? ¿A dónde podemos ir de aquí?

Cauteloso y planeado.

Inspirado por el libro, *The Millionaire Next Door*, Robbie se hizo seguidor de la riqueza "silenciosa." Estos millonarios acumulan riqueza silenciosamente, y nunca presumen su riqueza para que los demás la noten.

¿Cuál era el vehículo más popular para estos millonarios? Una camioneta pick-up. Así que Robbie debía de conseguir la suya.

Cada decisión financiera obedecía un listado de criterios para asegurarse de que era una decisión inteligente. No se tomaban decisiones financieras por caprichos. Todo estaba planeado al centavo. Y por supuesto, había un balance científico entre el efectivo y los activos líquidos dentro del plan financiero de Robbie a largo plazo.

¿Robbie renunció a su trabajo después de que sus cheques de bonificaciones sobrepasaron su salario? Ni pensarlo. ¿Por qué rechazar un aumento de sueldo del 100%? Además, la carrera de Robbie de tiempo completo era una manera genial para conocer personas nuevas para su negocio de redes de mercadeo.

Robbie vive con 50% de su ingreso. E invierte el otro 50% de formas que a su contador se le hace agua la boca.

Adicción al aprendizaje.

Incluso después de múltiples diplomas de posgrado, a Bert le fascina aprender. Su meta es aprender algo nuevo cada día. El ingreso de tiempo completo de Bert en redes de mercadeo significa más tiempo libre para continuar con su pasión como estudiante profesional.

Bert quería aprender a cocinar. Así que se inscribió en la carrera de gastronomía. Quería ahorrar dinero en sus impuestos, así que tomó clases nocturnas de contabilidad para negocios.

Luego, Bert se preguntó qué necesitaría para abrir un restaurante. Eso significó tomar un curso de administración de restaurantes.

Con sus nuevas habilidades, Bert persiguió su sueño y abrió su propio restaurante. El salón de banquetes se convirtió en la nueva ubicación para las juntas semanales para su grupo creciente en redes de mercadeo.

¿Todos sueñan con abrir su propio restaurante? No. Pero era el sueño de Bert, y su negocio de redes de mercadeo lo hizo posible.

¿PERO POR QUÉ TAN POCAS MENCIONES DE REDES SOCIALES?

Redes sociales es un método más para conocer personas. La clave es conocer personas de una manera que sea natural para nosotros.

Así que, las redes sociales son una manera genial de conocer personas nuevas, pero no es la única manera. ¿Es una manera apropiada para nosotros?

Una forma de comprender esto es hacernos esta pregunta:

¿Por qué las personas entran en las redes sociales?

1. Nos gusta estar informados. Queremos saber qué está ocurriendo en nuestro mundo. Esto puede significar mantenernos al tanto de nuestras amistades. O, podemos investigar un pasatiempo o interés. Por supuesto que podemos hacer mucha de esta investigación durante horas de trabajo cuando deberíamos estar trabajando.

2. Queremos entretenimiento. ¿Quién no? Nos fascina dejar atrás nuestra realidad actual para sumergirnos en películas, fotografías, e historias. Las redes sociales nos proveen este entrenamiento sobre pedido. Por ejemplo:

- ¿Un gato haciendo esquí acuático? Más vale que veamos todo el video.
- ¿11 jugosos secretos que no sabíamos sobre una popular estrella de cine que nunca hemos conocido? Leamos ese artículo ya mismo.
- ¿Tomar un cuestionario para saber qué postre encaja con nuestro estilo de vida? Oh, no sólo hay que tomarlo, ¡tenemos que compartirlo con nuestros amigos!

3. Queremos una vida social activa y afectuosa. Es más fácil tener cientos de amigos imaginarios cercanos alrededor del mundo con los cuales conectar. ¿A quién no le gustaría tener un buen amigo en Laos? Definitivamente algo sobre lo que hablar con nuestros demás amigos que nunca hemos conocido en persona.

¿Notas que algo falta?

Sí. No entramos a las redes sociales para leer publicidad estridente de nuestros amigos… o desconocidos. Queremos que nuestro flujo de noticias sociales sean… ¡noticias!

¿Qué sucede cuando publicitamos y empujamos nuestros productos y oportunidad sobre nuestros amigos? Es como pedirles que no nos vean ni nos sigan nunca más.

Las personas detestan una venta dura. Pero el hecho divertido es que a las personas les encanta comprar.

Queremos hablar sobre nuestro negocio cuando sea apropiado, ¿correcto? Es más fácil hablar con amigos que con desconocidos, así que las redes sociales nos dan la oportunidad de hacer más amistades.

Nuestro enfoque debería ser continuar conociendo y conectando con personas. Cuando el momento sea apropiado, cuando nuestro amigo tenga un problema en el cual podemos brindarle ayuda, entonces podemos mencionar nuestra solución de negocio. Pero esto viene al ser un amigo y escucharlos. Las probabilidades son que no ocurrirá por un anuncio genérico sobre nuestra oportunidad o producto.

Más sobre usar redes sociales.

Las redes sociales no sólo son geniales para las personalidades verdes. Cualquiera de las otras personalidades pueden usar los consejos siguientes para conectar con más personas.

No es el medio que usamos lo que hace la diferencia. Sino que son nuestras conexiones sinceras y auténticas con personas lo que cuenta.

Así que no importa si conectamos con John a través de redes sociales, una comida, al decir "Hola" en el supermercado, o al asistir a una conferencia. John sigue siendo la misma persona sin importar el método que usemos para conectar con él.

¿No has conectado realmente con nadie en tu lista de amistades en redes sociales?

Podemos conectar con cinco amigos al día a través de mensajes privados. Aquí hay algunas posibilidades si no sabemos cómo comenzar.

1. Mencionar nuestro terreno en común. Podríamos decir que estamos:

- Poniéndonos al día con nuestros antiguos compañeros de clase.
- Poniéndonos al día con algunas personas con las que solíamos trabajar.
- Conectando con amistades de la temporada de fútbol del año pasado.

2. Preguntar qué hacen en su empleo. Podríamos decir:

- "Tengo curiosidad, veo que estás trabajando en la compañía de gas. ¿Qué es lo que haces exactamente ahí?"
- "Me di cuenta de que no escribiste tu ocupación en tu perfil. Tengo curiosidad, ¿a qué te dedicas ahora? ¿Cambiaste de profesión?"

3. Prepara una respuesta genial cuando pregunten qué hacemos ahora. Nuestra respuesta podría pre-calificarlos como prospectos interesados. Podríamos decir:

- "Sigo dando clases, pero también comencé un negocio de medio tiempo ayudando a personas a ahorrar dinero en su factura de electricidad."
- "Renuncié a mi empleo y comencé un negocio desde casa. No me gustaba perder tiempo en el tráfico."
- "Me aburrí como contador, así que comencé un negocio de cuidado de cutis a medio tiempo desde mi casa."

Redes sociales se trata de conectar con personas.

Hay muchos cursos detallados sobre cómo usar redes sociales. Pero debemos preguntarnos si esta es la manera en la que queremos conocer personas nuevas para nuestro negocio. Tal vez

PERO POR QUÉ TAN POCAS MENCIONES DE REDES SOCIALES?

lo sea. ¿Qué tal si el único momento que tenemos para conocer personas nuevas es después de las 11pm, cuando los niños se han ido a la cama? Entonces, las redes sociales son mejores que ir a la taberna para conocer ebrios trasnochados.

Siempre hay personas para conocer.

Las personas están en todas partes. Dependiendo de nuestro color de personalidad, queremos conocer personas de formas que vayan de acuerdo con nuestro estilo.

¿Y qué tal si somos introvertidos y reacios de aproximarnos a la gente? No hay problema. Aquí hay una solución.

Habla con personas que tienen que hablar contigo.

A diario conocemos personas que les pagan por hablar con nosotros. ¿Quienes son estas personas? Cualquiera con un empleo que tenga que hacernos una pregunta.

¿Cuántas de las siguientes personas conocemos cada semana?

- Baristas en cafeterías.
- Meseros.
- Gerentes.
- Recepcionistas.
- Empleados de mostrador.
- Encargados de estaciones de gasolina.

Continuamente estamos conociendo a estas personas mientras estamos en las calles.

Hablar con estas personas durante nuestra semana puede crear una larga lista de nuevos prospectos. ¿La buena noticia para las personalidades introvertidas? No tienen que iniciar la conversación. A estos prospectos se les paga por iniciar las conversaciones.

¿QUÉ TAL SI NO ESTAMOS SEGUROS DE NUESTRO COLOR DE PERSONALIDAD?

No te preocupes. Estas personalidades no están grabadas en piedra. Sólo son una guía para ayudarnos a comprender quién somos.

Una simple prueba de tres preguntas.

Olvida las limitaciones de tiempo o dinero. Anota las primeras respuestas que lleguen a tu mente.

Pregunta #1. En tus días libres del trabajo, ¿qué te gusta hacer?

Pregunta #2. En vacaciones, ¿a dónde te gusta ir?

Pregunta #3. Cuando te jubiles, ¿qué te gustaría hacer?

Esa fue una prueba muy breve.

Nuestras respuestas deberían de ayudar a guiarnos hacia nuestro color de personalidad.

Podríamos pensar, "Pienso que soy un poco azul y un poco amarillo." Eso está bien. Esto significa que nos sentimos bien sobre las metas que resultan naturales para estos dos colores de personalidad.

¿Seguimos sin estar seguros? Entonces preguntemos a nuestros amigos qué color de personalidad piensan que somos. Ellos podrían ayudarnos, puesto que nosotros somos parciales sobre cómo nos vemos a nosotros mismos.

¿Aún no sabemos qué color de personalidad somos? Aquí hay tres explicaciones para ello:

#1. Somos una personalidad amarilla y queremos que otros nos digan el color que debemos ser para hacerlos felices.

#2. Somos una personalidad azul y hay cosas más divertidas en qué pensar que esto.

#3. Somos una personalidad verde y necesitamos más datos para analizar antes de tomar nuestra decisión final.

Está bien, sólo bromeo con estas explicaciones.

¿Qué hay de las personalidades rojas? Ellos ya saben quién son. No hay confusión ahí.

El punto a recordar es éste: diferentes personalidades tienen diferentes metas. Lo que nosotros queremos en nuestras vidas puede no ser lo que otros quieren en sus vidas.

¿Pero qué hay del segundo factor que mencionamos anteriormente en este libro?

Elegir metas que están alineadas con nuestro color de personalidad sólo es el primer paso.

Es tiempo de movernos al segundo paso, nuestros valores individuales. Si sabemos cuáles valores son importantes para nosotros, podremos elegir metas que estén alineadas con dichos valores. Esto elimina los sentimientos en conflicto cuando estamos tras una meta que no va de acuerdo a nuestros valores.

FACTOR #2: ¿CUÁLES SON NUESTROS VALORES?

Los valores nos ayudan a decidir lo que es importante dentro de nuestra vida. Debemos de tomar decisiones. No podemos hacerlo todo simultáneamente. Entonces, ¿cómo elegimos lo que haremos en cualquier momento en particular?

Al elegir las tareas que están alineadas con nuestros valores más importantes. Demos un vistazo a un ejemplo de esto.

Como estudiante de preparatoria, solía tener tareas. Uno de mis valores era obtener una buena educación. Pero, también amaba la música y tocar la batería. Como adolescente, ¿qué valor piensas que era más importante en mi mente? Sí, pasaba muchas más horas tocando la batería que haciendo mis tareas. Tomé esa decisión basado en mis valores.

Avancemos 20 años en el futuro. Mis valores cambiaron. Ahora es más importante que mi hija tenga un ambiente silencioso para dormir que tocar la batería. De nuevo, esta decisión está basada en mis valores.

Los valores son guías, directrices. Algunas veces debemos hacer una actividad de un valor menor debido a que es urgente en el momento. Pero, estaremos analizando la perspectiva completa en este libro. Cuando fijemos nuestras metas, querremos que estén basadas sobre nuestros valores más importantes. Queremos que nuestras metas nos ayuden a alcanzar las cosas que queremos en nuestras vidas.

Demos un clavado dentro de los valores. Primero, describiremos los valores. Luego, daremos un vistazo a los colores de personalidad que se sienten atraídos a valores individuales.

Estos no son los únicos valores en la vida. La lista es bastante buena por lo pronto. Siempre puedes agregar o eliminar valores diferentes y crear nuestra propia lista personalizada.

LOS 14 VALORES.

Mientras cubrimos los siguientes 14 valores, piensa sobre cuáles son más importantes para ti. Cuando terminemos de describir los valores, podemos categorizarlos en orden de importancia para nosotros.

No hace falta categorizar los valores ahora. Sólo estar al tanto que este será nuestro siguiente paso. Y al finalizar la descripción de cada valor, mencionaremos cuál color de personalidad tendría ese valor.

Este es sólo un resumen rápido de valores, pero comencemos.

Valor #1: Poder.

Personas con este valor:

- Quieren estar al mando.
- Siempre están en lo correcto, y los demás están equivocados.
- Necesitan que todo sea perfecto.
- Anhelan tener el control.
- Quieren tener la última palabra.
- Tienen la mentalidad de, "Si no soy el primero, soy el último."
- A menudo piensan, "¡No me digas lo que tengo que hacer!"

- Tienen dos reglas. Regla #1: Siempre tengo razón. Regla #2: Si no estás de acuerdo, ve la Regla #1.
- No quieren renunciar ni ceder.
- Juegan muy duro para ganar, incluso en juegos de mesa.
- Activarán la auto-motivación instantáneamente si son retados.

Este valor es común con la personalidades rojas.

Valor #2: Seguridad financiera.

Personas con este valor:

- Son frugales.
- Son responsables con su dinero.
- Conocen sus balances al centavo.
- Reducen cualquier riesgo por todo en sus vidas.
- Se enfocan en ahorrar dinero en lugar de gastar dinero.
- Hacen cuentas mientras duermen.
- Guardan cualquier aumento que reciben.
- Se preocupan y planean para el futuro.
- Gastan menos, invierten más.
- Buscan gangas, descuentos, e inversiones seguras.

Este valor es común con las personalidades verdes y algunas personalidades amarillas.

Valor #3: Deseo de ser rico.

Personas con este valor:

- Quieren verse bien e impresionar.
- Quieren lo mejor y que los demás se enteren cuando lo obtengan.

- Piensan que si la tarjeta de crédito no está al tope, hay espacio para gastar.
- Publican en redes sociales fotografías de sus éxitos.
- Utilizan un clip de dinero con sus tarjetas de crédito para poder mostrar los billetes más grandes hacia afuera.
- Cuidan sus activos.

Este valor es común con personalidades rojas y algunas personalidades azules.

Valor #4: Deseo de verse bien.

Personas con este valor:

- No saldrán de casa sin que su peinado o maquillaje estén en su punto.
- Cuidan lo que comen.
- Hacen que el tiempo en el gimnasio sea prioridad.
- No se sienten bien si no se ven bien.
- Pueden pasar horas seleccionando su atuendo del día.
- Tienen más zapatos que los días del mes.
- Gastan más en productos de vanidad que en hipotecas.
- No irían a correr sin maquillaje.
- Saben la marca de ropa que les gusta y esperan que otros lo sepan.

Este valor es común con personalidades rojas y algunas personalidades azules.

Valor #5: Una amorosa relación de pareja.

Personas con este valor:

- Piensan constantemente en su pareja.
- Hablan y comparten a menudo con su pareja.

- Toman decisiones basadas en lo que su pareja quiere.
- Salen en pareja con pocas excepciones.
- Saben que el tiempo de calidad es una prioridad.
- Envían mensajes de texto a su pareja durante el trabajo para decir hola.
- Compran pequeños obsequios "por que sí."
- Pasan tiempo planeando cada vacación y día libre para hacerlo especial para su pareja.
- Usan camisetas coordinadas en vacaciones o viajes de fin de semana.

Este valor es muy común con personalidades amarillas.

Valor #6: Familia.

Personas con este valor:

- No se pierden las funciones familiares.
- Son activos y apoyan en todos los comités o asociaciones de padres para sus hijos.
- Planean las reuniones y se aseguran de que todos se sientan involucrados.
- Saben cuándo dejar el trabajo y pasar tiempo con la familia.
- Son conocidos como "los mejores anfitriones."
- Tienen una minivan que luce como un jardín de juegos en el interior.
- Incluyen a niños y mascotas en todas las actividades, y algunas veces a los niños y las mascotas del vecino.
- Responden a quien sea que grite "Mamá" o "Papá" en un espacio público.

Este valor es común con las personalidades amarillas.

Valor #7: Realización profesional.

Personas con este valor:

- Quieren alcanzar la cima de la escalera profesional.
- Piensan sobre su trabajo todo el tiempo, incluso mientras duermen.
- Piensan que las vacaciones son un tiempo para planear su progreso profesional, no para relajarse.
- Pasan más tiempo en la oficina para sentirse exitosos.
- Trabajan mientras conducen hacia y desde la oficina.
- Demandan llamadas de conferencia "explosivas" a las 6am.
- Son persistentes.
- Toman cinco tazas de café antes de las 9am.
- Se visten dos niveles arriba de su escala de ingresos.
- Aman escuchar que son trabajadores incansables.
- Pueden hablar de negocios 24/7.
- Tienen auto-motivación integrada.

Este valor es común con las personalidades rojas y algunas personalidades azules.

Valor #8: Deseo de sentirse necesitados.

Personas con este valor:

- Quieren ser indispensables.
- Están ocupados con ocupaciones.
- Se ofrecen como voluntarios para todo, incluso si no se los piden.
- Tienen la lealtad como prioridad suprema.
- Siempre quieren ayudar.

- No piensan sobre ellos mismos.
- Ponen primero a los demás.
- Se involucran con recaudaciones de fondos, trabajo social, proyectos comunitarios, y actividades de caridad.

Este valor es común con las personalidades amarillas.

Valor #9: Iluminación personal.

Personas con este valor:

- Disfrutan pensar en pensar.
- Encuentran que entre más profunda la filosofía, más intrigante es.
- Piensan fuera de la norma.
- Aman compartir conocimientos nuevos y descubrimientos.
- Sopesan el significado de todo.
- No les gustan las confrontaciones y les permiten a otros tener puntos de vista diferentes.
- Quieren sentir que todo puede tener un propósito más elevado.

Este valor es común con las personalidades verdes y las personalidades amarillas.

Valor #10: Adicción a la aventura.

Personas con este valor:

- Sueñan despiertos con la siguiente aventura.
- Están listos para viajar tan pronto se enteran.
- Son los primeros que toman el riesgo en todo.

- Pueden estar completamente obsesionados con ideas que aman.
- Siempre están a la altura del siguiente reto.
- Piensan que la adrenalina es uno de los nutrientes esenciales.
- Son de la opinión de que entre más peligrosa sea la aventura, mejor.
- No pueden imaginar por qué deberían dormir cuando hay aventuras por tener.
- Frecuentemente dicen, "¡Mira esto!" o, "¡Hagamos esto ahora!"
- Resaltan la siguiente gran experiencia en sus calendarios.

Este valor es muy común con las personalidades azules.

Valor #11: Aspirar a la fama.

Personas con este valor:

- Mencionan nombres de personas que conocen o quieren conocer.
- Se refieren a personalidades famosas como amigos, incluso si sólo los vieron de lejos una ocasión entre una multitud.
- Quieren que todos sepan qué tan importantes son.
- Publicarán fotografías en redes sociales de ellos con cualquier famoso.
- Piensan que toda fotografía en redes sociales debería de ser suya.
- "Yo" y "mi" son sus palabras favoritas.
- Les encanta superar las historias de los demás con las suyas.

- Piensan que su estatus es tan esencial como el oxígeno.
- Son los primeros en la lista VIP del nuevo restaurante de moda de la ciudad.
- Ansían capturar la atención y recibir reconocimiento.

Este valor es común con las personalidades rojas y algunas veces con las personalidades azules.

Valor #12: Popularidad.

Personas con este valor:

- Quieren que todos sepan su nombre.
- Quieren que todos los consideren su amigo.
- Tienen amigos de todos los caminos de la vida.
- Quieren agradar a los desconocidos.
- Quieren sentirse bien sobre lo que otros piensan de ellos.
- Serán los últimos en salir de la habitación.
- Circulan en grupos hasta que conocen a alguien.
- Están electrizados por la aprobación de otros.

Este valor es común con las personalidades amarillas y las personalidades azules, y algunas personalidades rojas.

Valor #13: Logro.

Personas con este valor:

- Fijan metas a diez años. Y luego, a veinte años.
- Fijan metas diarias.
- Fijan metas por hora, y registran sus progresos.
- Se esforzarán por el galardón, trofeo, y diploma.
- Hablarán con quien sea si ayuda a su meta.

- Harán lo mejor para no fallar.
- Están felices de compartir su visión personal.
- Se ofenden cuando otros no les preguntan sobre sus vidas.
- Se encargan de concluir la tarea a mano.
- No se rinden.

Este valor es común con las personalidades rojas, y algunas personalidades verdes y azules también.

Valor #14: Deseo de pasar un buen rato.

Personas con este valor:

- Se enfocan en divertirse sin importar la ocasión.
- A menudo hacen que lo aburrido sea emocionante.
- Se divierten cuando no están trabajando. A menudo también cuando **están** trabajando.
- Son extremadamente sociales para poder conocer nuevas amistades.
- Aman hacer cosas en grupo, o disfrutan encontrar un nuevo grupo.
- No son tímidos.
- Siempre son entretenidos.
- Aman hablar de ellos mismos y narrar sus historias.
- No se imaginan por qué deberían estar en casa cuando podrían pasar un rato divertido en cualquier otro lugar.
- Aman grupos de referidos, clubes, deportes de equipo, y actividades que involucran más personas.
- Son los primeros en la fila de conga.

¿Este valor? Común con las personalidades azules, por supuesto.

¿Podemos agregar más?

Claro.

¿Algunos de estos valores están exagerados? Sí.

¿Todos nosotros poseemos un poco de cada valor? Por supuesto.

Así que no queremos prejuzgar sobre estos valores. Sólo queremos saber cuáles valores nos motivan más.

¿CUÁLES SON LOS VALORES MÁS IMPORTANTES PARA NOSOTROS?

¡Rayos! Con 14 valores diferentes, ¿cómo sabemos cuáles valores poner primero? Podríamos pasar horas o días trabajando en esto.

Aquí hay un atajo. Toma 14 fichas o pedazos de papel. Escribe un valor en cada ficha. Luego coloca las fichas sobre una mesa. Vamos a organizar los valores en orden de importancia.

Esta es la manera más rápida de categorizar las fichas. Sujeta dos fichas. Rápidamente toma una decisión sobre cuál es más importante. Esa ficha irá arriba. Luego toma la siguiente ficha, y ve dónde encaja. Siempre es mucho más fácil elegir entre dos fichas de lo que es elegir de entre 14 a la vez.

Ahora tenemos una idea general de cuáles valores son los más importantes para nosotros. Esto no tiene que ser 100% preciso. Lo que queremos saber es generalmente cuál es más importante para nosotros.

Queremos que nuestras metas se relacionen con nuestros valores más importantes. Si nuestras metas son sobre los valores más bajos, no tendremos la motivación de trabajar en estas áreas poco interesantes en nuestras vidas. Esto significa que postergaremos, nos frustraremos, y fracasaremos. Si vamos a trabajar en nuestras metas, trabajemos en metas sobre las que nos sentimos geniales y están alineadas con nuestros valores.

¿Cuáles serán nuestras metas con mayor prioridad?

Déjame darte algunos ejemplos.

Nuestro amigo, Mike, es un adicto a la aventura. Le gusta la iluminación personal y probar cosas nuevas. La seguridad está muy abajo dentro de su lista de prioridades. Si Mike fuese a fijar metas sobre seguridad, estaría aburrido a morir y no tendría inspiración. Cada día sería una batalla. No tendría motivación natural. Para Mike, elegir una meta sobre seguridad sería una receta para un fracaso masivo.

Nuestra amiga Sandy, tiene diferentes valores como prioridad. La seguridad financiera y los logros profesionales hacen que sus ojos se iluminen. Si ella fuese a fijar metas en estas áreas, cada día disfrutaría el viaje hacia la culminación de sus metas.

Nuestro amigo Ed es muy diferente. ¿Sus prioridades? Su familia y su amorosa relación con su esposa. Si fuese a fijar metas sobre viajar sin parar o ser popular, él rápidamente abandonaría dichas metas. Queremos que nuestra inspiración interna nos motive y nos conduzca. Es por eso que es tan necesario elegir la meta ideal para nosotros.

Toma tu tiempo ahora para clasificar tus fichas.

Podríamos inclusive sonreír mientras nos damos cuenta de quién somos por cómo organizamos nuestras fichas.

LA CONSTRUCCIÓN DE SUEÑOS ES DESEAR Y ESPERAR.

Sí, desear y esperar no nos conseguirá resultados, pero son un primer paso necesario.

A menos que tengamos un sueño, algo sobre lo cual estamos apasionados, no nos sentiremos bien sobre trabajar en nuestras metas. Así que definitivamente haremos algo de construcción de sueños.

Sin embargo, no nos detendremos ahí. Hay mucho más.

¿Qué tal si elegimos la meta equivocada?

¿Qué tal si elegimos una meta emocionante, pero no se alinea con nuestros valores?

¿Qué tal si elegimos una meta que será difícil de ejecutar para nuestra personalidad?

¿Qué tal si elegimos una meta sobre la que no sentimos pasión?

¿Qué tal si elegimos una meta que está condenada al fracaso?

Pero que tal si...

¿Qué tal si elegimos la meta correcta?

¿Qué tal si elegimos una meta que es congruente con nuestros valores personales?

¿Qué tal si elegimos una meta que se siente fácil de lograr?

¿Qué tal si elegimos una meta que nos motiva naturalmente cada mañana?

Como podemos ver, elegir la meta correcta para nuestra personalidad y valores es 90% de nuestro éxito.

En el pasado, pudimos haber seleccionado metas que no estaban alineadas exactamente con nuestra personalidad o nuestros valores, así que esas metas se sintieron difíciles.

Demos un vistazo a los cuatro pasos que requerimos seguir para elegir la meta correcta para nosotros.

LOS CUATRO PASOS MÁGICOS PARA LOGRAR NUESTRA META.

Si seguimos estos cuatro pasos mágicos, ¡estaremos al 90% de lograr nuestra meta!

Sí, como vimos en el último capítulo, elegir la meta correcta es la magia que hace que las cosas sucedan.

Así que demos un vistazo a estos cuatro pasos, y luego los discutiremos uno por uno.

Paso #1: Soñar. Elegir la meta de nuestros sueños.

Paso #2: Revisar si esta meta está alineada a nuestro tipo de personalidad.

Paso #3: Revisar si esta meta está alineada con nuestros valores.

Paso #4: Encontrar un mini-hábito que haga que lograr esta meta sea automático.

Eso es todo. No es nada difícil. Cuando seguimos estos cuatro pasos, esto es lo que ocurre.

- Sentimos naturalmente una motivación interna todos los días.

- Nunca tenemos sentimientos encontrados sobre la dirección de nuestras vidas.
- Cada día es un día divertido mientras disfrutamos el viaje hacia nuestra meta.
- Nuestro mini-hábito nos asegura el progreso a diario.

¡Vaya! Ahora tenemos una meta real, una dirección real en nuestras vidas.

Esto puede explicar por qué hemos tenido dificultades al trabajar en nuestras metas anteriormente. Si no tomamos cada paso en consideración, nuestras metas están destinadas al fracaso.

Vamos a discutir los primeros tres pasos. Hablaremos sobre el cuarto paso, los mini-hábitos, en el siguiente capítulo.

Paso #1: Soñar. Elegir la meta de nuestros sueños.

Este es el paso de "desear y esperar." "Desear y esperar" no son suficientes para lograr una meta, pero es el comienzo. Aquí elegimos la meta que queremos lograr.

¿Tenemos que asistir a un seminario sobre fijar metas para elegir nuestra meta? Por supuesto que no. Pero, podríamos obtener ideas nuevas o recibir inspiración de otros en el seminario. O, leer un libro inspirador sobre la vida de alguien nos puede ayudar a elegir nuestra meta.

Así que el paso #1 es elegir nuestra meta inicial.

No te preocupes si esta es la meta correcta o no. Esto es sólo el primer paso de "desear y esperar."

Una vez que elegimos nuestra meta, revisaremos si está a la altura de nuestro tipo de personalidad, y si es congruente con nuestros valores. Si nuestra meta no pasa estos dos criterios, entonces eso será una señal de que deberíamos modificar nuestra meta, o elegir una meta diferente.

Así que, por lo pronto, vamos a elegir una meta.

Por ejemplo, elegiremos la meta de:

"Abandonar nuestro empleo y pasar más tiempo educando adolescentes sobre finanzas personales."

Paso #2: Revisar si esta meta está alineada a nuestro tipo de personalidad.

Para este ejemplo, seremos una personalidad amarilla.

¿Esta meta va de acuerdo con nuestro tipo de personalidad? Nuestra meta es:

"Abandonar nuestro empleo y pasar más tiempo educando adolescentes sobre finanzas personales."

Sí, esta es una meta muy amarilla. Como personalidades amarillas, encontramos la felicidad al ayudar a los demás.

Pero, ¿qué tal si somos una personalidad azul? La atención al detalle y las aburridas finanzas personales puede que no sean una pasión dentro de nuestras vidas.

¿Qué tal si somos una personalidad roja? Bien, dejar nuestro trabajo para poder ser nuestro propio jefe sería emocionante. Pero, ¿nos sentiríamos apasionados sobre trabajar como voluntarios y entregar nuestro tiempo enseñando a los adolescentes sobre finanzas personales? Tal vez querríamos algo diferente. Tal vez querríamos una meta que tuviese más reconocimiento personal, o una meta que pueda ser medida en dólares y centavos.

Así que si somos una personalidad azul o una personalidad roja, deberíamos regresar y modificar nuestra meta. Esta no sería la meta que nos aporte esa motivación interna cada mañana.

¿Pero qué tal una personalidad verde? ¿Abandonar la seguridad de un empleo? Bueno, tendría sentido si nuestro ingreso de redes de mercadeo se sintiera seguro. ¿Enseñar adolescentes sobre finanzas personales? Sí, disfrutaríamos redactando el curso a detalle. Así que para una personalidad verde, esto podría pasar el requisito sobre el tipo de personalidad para esta meta.

Paso #3: Revisar si esta meta está alineada con nuestros valores.

Recuerdas el Valor #8: Deseo de sentirse necesitado? Si somos una personalidad amarilla, eso estaría cerca de la parte superior de nuestra lista de valores. Aquí hay un repaso de los puntos principales.

Personas con este valor:

- Quieren ser indispensables.
- Están ocupados con ocupaciones.
- Son extraordinarios voluntarios.
- Son leales.
- Siempre quieren ayudar.

Sí, las personalidades amarillas encuentran satisfacción y felicidad cuando este valor se usa para fijar metas. Así que ayudar a adolescentes a comprender las finanzas personales se siente bien y natural.

Para una personalidad amarilla, esta meta pasa la prueba. Esta meta está alineada con el tipo de personalidad, y sus valores.

Ahora, eso no fue muy difícil, ¿verdad?

Toma un momento ahora para desear, y con esperanza, elige tu meta personal.

Luego, revisa si esa meta está alineada con tu tipo de personalidad y tus valores.

Una vez que tienes una meta con la que te sientes bien, todo lo que nos falta es el último paso. En el siguiente capítulo, aprenderemos cómo crear un mini-hábito que haga que alcanzar esa meta sea divertido y automático.

PASO #4: MINI-HÁBITOS.

Comienza en pequeño.

Debemos desarrollar nuestros músculos para metas. Las pequeñas victorias con metas pequeñas nos dan la confianza de lograr metas más grandes. Así que al comienzo, vamos a arrancar con algo simple.

1. Fija un límite de tiempo corto para nuestra meta. Una semana, dos semanas, o incluso cuatro semanas. Como humanos, tenemos periodos de atención cortos. Es demasiado fácil caer de nuevo en nuestros hábitos del día a día y olvidar nuestras nuevas metas. Un periodo de tiempo corto nos ayudará a mantenernos enfocados.

Por ejemplo, es difícil visualizarnos logrando la meta de trece millones de respiraciones continuas durante un período de años. En lugar de eso, es más fácil concentrarnos en la meta inmediata de nuestra siguiente respiración.

2. Fija una meta pequeña. No comenzamos nuestra carrera como maratonistas corriendo un maratón. Cuando decidí correr mi primer maratón, comencé corriendo dos kilómetros por vez. Podía hacer eso. Era una pequeña victoria para mí.

Después de que mi cuerpo se ajustó a correr dos kilómetros, comencé a correr cuatro kilómetros por vez, y así sucesivamente.

Finalmente, después de meses de entrenamiento diario, me registré y concluí mi primer maratón.

Es lo mismo con nuestras metas. Con una meta pequeña, podemos alcanzarla rápidamente. Las pequeñas victorias nos dan confianza.

3. Asegúrate de que nuestra meta encaja con nuestro tipo de personalidad. Si somos una personalidad verde, no somos tan extrovertidos ni sociales como otros. Fijar una meta de hablar con 30 personas al día sería desastroso. Nos sentiríamos incómodos. Estaríamos horrorizados de trabajar en nuestra meta. Nuestra motivación estaría permanentemente por los suelos.

4. Asegúrate de que nuestra pequeña meta está alineada con nuestros valores. Cuando nuestras metas y nuestros valores se alinean, la motivación resulta automática. No necesitamos trucos mentales que nos emocionen para lograr nuestras metas. Si nuestras metas no están alineadas con nuestros valores, sentiremos que nos estamos mintiendo a nosotros mismos.

¡Y ahora con nuestros mini-hábitos!

Tenemos la meta correcta, ¿pero cómo la lograremos?

¿Usaremos fuerza de voluntad?

Sí, claro, por supuesto, ajá…

La fuerza de voluntad significa que tenemos que tomar una decisión consciente, cada vez. Eso no funciona. Depender de la fuerza de voluntad es como hemos fracasado en nuestras metas previas.

¿Recuerdas todas esas metas de Año Nuevo? Año tras año fijamos esas metas y fracasamos. ¿Nos sentimos un poco desilusionados?

¿Y cuál es la definición de locura? Hacer lo mismo una y otra vez y esperar un resultado diferente.

Está bien. Olvidemos la fuerza de voluntad. Ese no es un buen plan para nosotros.

¿En lugar de eso? ¡Mini-hábitos!

¿Qué son los mini-hábitos?

Cosas pequeñas que podemos hacer fácilmente, día tras día, que eventualmente se hacen... automáticas.

Stephen Guise tiene un libro entero sobre la ciencia de los mini-hábitos. Él explica que si seleccionamos un hábito tan pequeño que podamos realizar incluso en nuestro peor día, entonces continuaremos haciendo ese pequeño hábito.

Ahora, tenemos familiaridad con los hábitos. Los hábitos son algo que hacemos sin pensar. No tenemos que tomar decisiones conscientes cada vez que los hacemos. Aquí hay algunos ejemplos de nuestros hábitos.

- Cepillamos nuestros dientes todos los días. Con el tiempo, tenemos una buena higiene bucal.
- Nos ponemos la ropa cada mañana antes de salir de casa. Esto ocurre en automático, cada vez, sin un esfuerzo consciente. (Bueno, eso esperamos.)

- Comemos con un tenedor y una cuchara. No tenemos que tomar esa decisión en cada comida.
- Compramos una docena de rosquillas de camino a la oficina. (Está bien, no todos los hábitos son buenos hábitos.)

Los hábitos suceden.

En lugar de fuerza de voluntad, lograremos nuestra meta con hábitos. Pero no hábitos grandes. No hábitos difíciles. Sino, pequeños mini-hábitos fáciles de hacer.

Dejaremos que el poder de los hábitos nos mueva sin esfuerzo hacia nuestras metas. Ahora, ¿qué tan genial es eso?

Ejemplos de mini-hábitos para conocer personas nuevas.

Algo pequeño. Algo fácil.

Algo que podamos hacer consistentemente.

Vamos a dejar que nuestro mini-hábito nos ponga frente a personas nuevas... en automático.

¿Listo?

- Saluda a un desconocido por día.
- Asiste a una fiesta cada fin de semana.
- Pasea al perro en el parque del lago todas las noches.
- Únete al club de excursiones de fin de semana.
- Únete a la liga de bolos.
- Envía un mensaje a alguien nuevo en redes sociales todos los días.

¿Fácil? Sí.

¿Nuestros encuentros con personas nuevas se acumulan con el tiempo? Sí.

¿Lograremos nuestra meta de conocer personas nuevas? Sí.

Pero, ¿qué tal si tenemos una meta diferente?

Entonces podemos crear un mini-hábito que haga que lograr esa meta sea... automático.

Por ejemplo, imaginemos que vendemos cuidados para el cutis. Queremos obtener un premio por ventas minoristas de parte de nuestra compañía. Para hacer esto, calculamos que debemos hacer dos fiestas de cuidado del cutis por mes.

¿Qué clase de mini-hábito podríamos crear para hacer esto posible? Aquí hay algunos ejemplos.

- Envía una invitación por día. No nos importan nuestros resultados diarios. Pero, con el tiempo, sabemos que algunas personas aceptarán nuestra invitación a organizar una fiesta.
- Pide a un amigo por día que pase nuestra invitación a uno de sus amigos.
- Dar seguimiento con uno de nuestros clientes actuales por día, y ofrecer la oportunidad de organizar una fiesta.
- Obsequiar un paquete de invitación una vez por día cuando estemos en la calle.

- Dar una conferencia gratuita sobre cuidado del cutis dos veces al mes. Con el tiempo, algunos de los asistentes querrán organizar una fiesta.

Ninguna de estas actividades es difícil. Podríamos elegir una o dos, y con el tiempo, los resultados se acumularán.

¿Qué hay si tenemos la meta de superar nuestro miedo a hablar en público?

¿Qué mini-hábito podemos crear que nos ayude a superar nuestro miedo a hablar en público? Aquí hay varios ejemplos.

- Todos los días, dar un mini-discurso de 30 segundos a una persona sentada en una silla.
- Unirse a Toastmasters. Las reuniones semanales son divertidas.
- Ofrecer dar un testimonio de 15 segundos en las juntas de oportunidad.
- Decir "Hola" a un extraño por día para ayudarnos a superar nuestro miedo a hablar con extraños.
- Ofrecer ser el presentador de los conferencistas en las juntas regionales.
- Practicar nuestro discurso frente al espejo cada mañana después de cepillar nuestros dientes.

¿Qué tal si quisiéramos entrar en forma para correr dos kilómetros?

- Ponernos nuestro calzado para correr una vez al día. Una vez que están puestos, será más fácil caminar y correr un poco.
- Estacionar el auto más lejos del trabajo.

- Comenzar a pasear a nuestro perro. Con el tiempo estaremos trotando un poco con nuestro perro.
- Caminar a una tienda de rosquillas más lejos de nuestra casa.
- Comprar una máquina elíptica. Pasar 15 segundos al día en ella. Una vez sobre la máquina tenderemos a usarla más tiempo.

Los mini-hábitos son divertidos.

¿Por qué? Por que hacen que fracasar sea difícil. Son tan fáciles de hacer que no debemos tomar grandes decisiones para tomar acción.

Con el tiempo, los hábitos crean resultados.

Así que en lugar de depender de una errática fuerza de voluntad, usaremos el poder consistente de los mini-hábitos para lograr nuestra meta elegida.

¿Quieres saber más sobre hábitos para nuestro negocio de redes de mercadeo?

Aquí hay un libro completo sobre hábitos para empresarios de redes de mercadeo.

Se titula *3 Hábitos Fáciles para Redes de Mercadeo: Automatiza tu Éxito en MLM*.

¿NECESITAS MÁS AYUDA CON LAS METAS?

En este capítulo, cubriremos algunos consejos comunes y trucos para fijar metas. Podríamos haber escuchado esto antes, pero quizá no los hemos puesto en acción. Elige cuáles consejos pueden hacer más fácil que logres tus metas.

Piensa en grande, comienza en pequeño.

Las metas grandes nos aportan energía. Necesitamos esta energía para alcanzar nuestra visión del futuro. Tener una meta es bueno pero, ¿lograr esa meta? Queremos desglosar esa gran meta en metas más pequeñas. Una meta más pequeña sería alcanzada en 30 o 90 días.

Por ejemplo, tal vez nuestra gran meta es ganar suficiente ingreso en nuestro negocio de redes de mercadeo para poder renunciar a nuestro empleo. Queremos libertad de tiempo y una oportunidad para expresarnos. Es poco probable que logremos esa meta en 30 o 90 días.

Después de considerarlo con cuidado, sentimos que nuestra gran meta puede ser lograda en 18 meses. Así que, desglosamos nuestra meta de 18 meses en seis pequeños planes de 90 días.

Cuando desglosamos nuestra línea de tiempo en segmentos más pequeños, como los de 90 días, es más fácil mantenernos en el camino. Nuestro progreso (o falta de progreso) será fácil de detectar. Además, no queremos que nuestra meta sea aburrida. Cada 90 días tendremos una meta fresca que nos mantenga emocionados.

O, quizá nuestro estilo de vida es más inmediato. En ese caso, podríamos desglosar nuestra gran meta en metas mensuales, o tal vez metas semanales. Queremos que nuestras metas se sientan bien para nosotros, ¡para que cada día sea un día genial!

¿El resultado? Es más fácil desglosar metas grandes en metas más pequeñas.

El presente contra el futuro.

Nuestra mente subconsciente busca oportunidades y recursos para movernos hacia adelante en nuestras metas. Aquí está un pequeño truco para ayudarnos a entrenar nuestra mente subconsciente.

Nuestra mente subconsciente entiende el presente. No entiende muy bien el futuro. Cuando le hablamos a nuestra mente subconsciente, deberíamos usar las palabras "Yo soy…" Debemos hablarle a nuestra mente subconsciente en tiempo presente para obtener mejores resultados.

No le diremos a nuestra mente subconsciente, "Quiero lograr la posición Diamante en mi negocio." En lugar de eso, deberíamos hablarle a nuestra mente subconsciente diciendo, "Tengo la posición Diamante en mi negocio." Nuestra mente subconsciente pensará y actuará como un Diamante.

Piensa en ello. Si pensamos como un Diamante, y actuamos como un Diamante, ¿en qué crees que nos convertiremos? En un Diamante.

Que no cunda el pánico.

Podemos modificar nuestra meta en cualquier momento. Este no es ningún compromiso de cuatro años por un título universitario. Lo que es importante es que comencemos ahora. Comenzamos nuestro mini-hábito y observamos nuestra experiencia. Sabremos si esta meta y mini-hábito se siente bien para nosotros o no.

No hay nada malo con refinar nuestra meta para hacerla todavía mejor para nosotros.

Realiza tres cosas al día para acercarte a tu meta.

Las acciones consistentes producen resultados consistentes. Si realizamos tres cosas todos los días que nos acerquen a nuestra meta, ¿qué piensas que ocurrirá eventualmente? Sí, llegaremos a nuestra meta.

Estas no tienen que ser cosas enormes. Pueden ser cosas tan pequeñas como hablar con tres personas diferentes ese día. O, hacer seguimiento con tres de nuestros contactos previos. Podría ser asistir a un seminario de entretenimiento.

Si realizamos tres cosas cada día que nos acerquen a nuestras metas, eso sumará hasta 1,000 acciones positivas en un año. Eso es bastante inercia y actividad propulsándonos hacia nuestra meta.

Prepárate para la acción una noche antes.

¿Cuándo será un buen momento para hacer la lista de las tres cosas que haremos para acercarnos a nuestra meta? La noche antes. No queremos despertar en la mañana y preguntarnos, "¿Qué es lo que haré hoy?"

El mejor momento para hacer la lista de nuestras tres acciones es la noche anterior. Como beneficio adicional, nuestra mente subconsciente puede estar pensando sobre estas tres acciones mientras dormimos.

Usar atajos para ayudarnos a desarrollar el mini-hábito.

En el comienzo, debemos usar algo de fuerza de voluntad para realizar las actividades. Después, cuando es un hábito, ocurrirá en automático. Así que, ¿cómo desarrollamos este hábito? Con atajos.

En el último ejemplo, hicimos una lista de tres acciones que podemos hacer para el día siguiente. Queremos hacer nuestra lista la noche anterior.

Para asegurarnos de que esto suceda, fijaremos una alarma en nuestro teléfono para las 10pm todas las noches. Cuando la alarma suene, nos preguntaremos, "¿Ya hice mi lista de las tres actividades para mañana? Si no, es momento de hacerla ahora."

Con el tiempo, no requeriremos de ese atajo. Nuestro hábito será automático. Necesitamos atajos que nos recuerden a diario mientras atravesamos los días de la formación de nuestro hábito.

Comienza dentro de 24 horas.

Pensar es genial, pero la acción hace que las cosas sucedan. Queremos tomar acción inmediatamente. Comienza dentro de las primeras 24 horas. No esperes hasta que tengamos la meta perfecta. Recuerda, siempre podemos ajustar la meta durante el camino.

La acción es lo que cuenta.

Escribir nuestra meta.

Algo mágico sucede cuando de hecho escribimos nuestra meta en papel. Sólo toma pocos segundos, así que usemos esa magia.

Ya que estamos escribiendo nuestra meta, podríamos hacerlo varias veces para que aparezca en varios lugares diferentes. En el espejo de nuestro baño, en la puerta del refrigerador, dentro de la billetera o bolso, en el tablero de nuestro auto.

Cada ocasión que observemos esta meta, debería dibujarse una gran sonrisa en nuestro rostro. Si no nos provoca una gran sonrisa, sabremos que hemos elegido la meta equivocada.

¿Sin motivación?

¿Qué tal si hemos fijado nuestra meta y no sentimos pasión o motivación? ¿Tal vez estamos postergando la acción?

Hmmm... Eso es una pista.

Si debemos motivarnos a nosotros mismos, deberíamos preguntarnos, "¿Tengo la meta adecuada?"

Si nuestra meta encaja con nuestro color de personalidad y valores, deberíamos automáticamente buscar el tiempo para trabajar sobre nuestra meta. Así que en lugar de tratar de arreglar nuestra motivación, quizá sólo tenemos la meta equivocada.

Esto a menudo sucede cuando elegimos una meta para impresionar a los demás, para ceder ante la presión del grupo, o para hacer felíz a alguien más.

Ponemos nuestros esfuerzos donde ponemos nuestro enfoque.

Podemos enfocarnos en nuestras metas, o en nuestros problemas. Si no tenemos metas, sólo nos concentraremos en nuestros problemas. Esta es otra razón para fijar nuestras propias metas ahora.

Si nos enfocamos en nuestras metas, desarrollamos consistencia. Todo mundo sabe que la consistencia con el tiempo significa progreso. Es así de fácil.

LA GRAN RECOMPENSA.

Las metas atraen seguidores.

La mayoría de las personas se sienten perdidas, y sólo van a la deriva por la vida. Con gusto nos seguirán… si sabemos a dónde nos dirigimos, y tenemos un plan para llegar al destino. Aquí hay un ejemplo.

Eligiendo la caravana correcta.

Imagina que estamos perdidos en medio del desierto del Sahara. No es una experiencia agradable. Hace calor. Estamos sedientos. Entre dunas de arena interminables. Una ducha, un helado de vainilla y un boleto de avión a casa suenan perfectos. Si tan sólo pudiéramos regresar a la civilización.

Una caravana de jinetes sobre varios camellos se aproxima a lo lejos. Frenéticos, agitamos los brazos en el aire para detener la caravana. El líder dice: –Hey, ¿qué estás haciendo solo en medio del desierto? No es algo muy inteligente de hacer.–

Nosotros respondemos: –Estamos perdidos. Terriblemente perdidos. Nos encantaría ir con ustedes de ser posible. Por cierto, ¿a dónde van?–

El líder de la caravana dice: –¿Que a dónde vamos? Ya llegamos. Somos nómadas. Nosotros viajamos por el desierto.

De hecho, yo he estado viajando entre las dunas desde que nací. Así que, ¿a dónde vamos? No lo sé, pero llegaremos mañana, o la semana siguiente, o quizá el próximo mes.–

Vaya. Eso no es lo que queríamos escuchar. Amablemente nos despedimos del líder y esperamos por la siguiente caravana.

Al día siguiente, una nueva caravana se aproxima. De nuevo, corremos hasta el líder de la caravana y decimos: –¡¿A dónde se dirigen?!–

El líder responde: –Vamos camino a Casablanca. Llegaremos el día 4. Luego tomaremos la ruta de comercio hasta Algiers. Llegaremos a Algiers el 22 y compraremos camellos. Luego, iremos directo a Túnez para el rodeo anual de camellos. ¿Quieres acompañarnos?–

¿Nuestra respuesta?: –¡Por supuesto!– Finalmente podemos seguir a alguien que sabe a dónde va. Ahora estamos de camino a la civilización, a una refrescante ducha, un helado de vainilla y nuestro boleto de vuelta a casa.

Cuando queremos lograr una meta, o sólo tener una mejor vida, ¿a quién seguimos? ¿A la persona que está perdida y sin enfoque? O, ¿preferimos seguir al líder que sabe a dónde se dirige?

La respuesta es obvia. Y otras personas sienten lo mismo también. Quieren seguir a un líder enfocado que sabe a dónde se dirige. Y, ese líder enfocado puede ser, ¡nosotros!

Queremos metas enfocadas. Queremos saber a dónde vamos y cómo llegar. Entonces, el mundo hará una bola a nuestro alrededor y nos pedirá unirse en nuestro camino. A esto le llamamos marketing de atracción.

El mundo está lleno de seguidores, personas desesperadamente en busca de algo de dirección en sus vidas. Estas personas se congelan en asombro ante los pocos líderes que se dan cuenta de que pueden elegir sus propias metas y su dirección en la vida. Una vez que decidimos a dónde ir, nos convertiremos en uno de esos escasos faros en torno de los cuales la gente se reúne.

Sí, es casi increíble que tan pocas personas fijen sus metas en la vida. La mayoría de estas personas estarán contentas de observar nuestras metas, y decidirán acompañarnos durante el paseo.

¿Esto tendrá un efecto en nuestro negocio de redes de mercadeo? ¡Por supuesto!

¿Que ocurre cuando nuestro mercado natural de contactos se entera que tenemos enfoque sobre una meta? Quieren pedirnos nuestra guía y liderazgo. Todo lo que deberíamos de hacer es dejar que otras personas se enteren de nuestras metas. Cuando los demás saben que tenemos una dirección en nuestra vida y tenemos el plan... la magia sucede. Podemos esperar reacciones como estas:

- Un compañero de trabajo dice: –¡Hey! Eso es una buena idea. Pensé que estaría sentenciado a este empleo de por vida. ¡Quiero acompañarte y construir ese negocio también!–
- Un vecino dice: –Espera un momento. Si vas a estar ganando un ingreso extra en tus tiempos libres, no me dejes fuera. Déjame saber tu secreto.–

- Un primo llama y dice: –Escuché que planeas construir un negocio grande y dejar tu trabajo. Mi trabajo no me gusta mucho que digamos. ¿Podrías decirme cómo funciona eso?–
- Nuestro prospecto en la junta de oportunidad dice: –Me agrada a dónde me puede llevar esta oportunidad. Quiero unirme contigo. Vas a la cima, y quiero subir a tu trineo.–

¿Ves la diferencia que nuestras metas personales pueden hacer en la vida de otras personas? Se transforman en prospectos ansiosos para nuestra oportunidad de redes de mercadeo.

¿Y cuál es la lección aquí?

¿Deberíamos mantener nuestras metas en secreto y ocultas del resto del mundo? ¿O deberíamos compartir nuestras metas y ayudar a otros que desesperadamente buscan a alguien a quién seguir?

Ayudemos a otros compartiendo nuestras metas con ellos.

ACRÓNIMOS PARA QUIENES LOS AMAN.

Algunos de nosotros recordamos las cosas mucho mejor cuando usamos acrónimos. Aquí está un capítulo completo sobre algunos famosos acrónimos (en inglés) para metas que podemos elegir.

SMART.

Leímos sobre metas SMART en los libros de administración del siglo pasado. Es un sistema probado que complementa nuestra personalidad y valores al fijar metas. Si eres una personalidad amarilla, te gustará. Si eres una personalidad verde, lo vas a adorar. A los verdes les encantan las cosas estructuradas. Incluso a las personalidades rojas les gusta poder medir su éxito con metas SMART. Aquí está lo que las letras de SMART significan.

"S" significa Específico.

Se tan específico como puedas. ¿Por qué? Para asegurarnos de que obtenemos exactamente lo que queremos. Si somos difusos, puede que terminemos consiguiendo algo que no queremos.

Aquí hay un ejemplo. Deseamos tener un negocio grande, pero el negocio termina por arruinar nuestras vidas. No tenemos tiempo de sobra para disfrutar nuestra riqueza o nuestra familia.

En lugar de eso, nuestra meta debe ser más específica. Quizá nuestra meta sería tener un negocio de tamaño mediano que funcione por sí mismo. Luego, tendríamos tiempo para pasar con nuestra familia disfrutando de nuestro dinero.

La segunda razón para ser específicos es que lo hace más fácil de visualizar. Decir que queremos una nueva casa es difuso y difícil de ver en nuestra mente.

En lugar de eso, queremos saber exactamente cuántos pisos tendrá la casa, cuántas habitaciones, cuántos baños, si tiene alberca o no... y demás. Incluso queremos saber dónde estará ubicada nuestra casa.

¿En nuestro negocio de redes de mercadeo? Nuestras metas específicas podrían ser el nivel de liderazgo o posición que deseamos alcanzar, un volumen específico de ventas mensuales, o metas de crecimiento para nuestro equipo.

"M" significa Medible.

Tener un buen sentimiento es difícil de medir. Así que nuestras metas deberían de incluir logros que podamos medir. Esto nos mantendrá progresando consistentemente.

Aquí hay algunas cosas que podríamos medir:

- ¿Con cuántas personas debo de hablar por día?
- ¿A cuántas personas debo de patrocinar?
- ¿Cuántas personas en mi organización deberían de pasar una prueba de liderazgo?
- ¿Qué es lo que debo de hacer cada día?

"A" significa Alcanzable.

Pensar en grande es genial, pero debemos de ser realistas al pensar. ¿Podemos ser el mayor productor en 90 días? Probablemente no.

¿Estaremos ganando un ingreso de tiempo completo en 30 días? Si comenzamos desde cero, posiblemente no.

¿Pero qué sí podemos alcanzar? Aquí hay algunos ejemplos:

- Una promoción a Supervisor Asistente en los próximos 30 días.
- Cinco nuevos clientes para nuestros productos.
- Dos nuevos invitados para cada junta de oportunidad semanal.
- Clases de oratoria para adquirir más confianza.

"R" significa Relevante.

Asegurémonos de que nuestras metas son congruentes con nuestro color de personalidad y nuestros valores. Nuestras metas deberían ser cosas que **nosotros** queremos, no lo que nuestros patrocinadores quieren. Este es nuestro negocio. Si estas son nuestras metas verdaderas, será fácil mantenernos enfocados.

Hay muchas maneras de ganar dinero. Queremos evitar las distracciones al enfocarnos en nuestro negocio de redes de mercadeo. Si estamos tratando de ganar dinero balanceando simultáneamente cuatro o cinco oportunidades de ingreso, entonces no tendremos el enfoque que se requiere para alcanzar la cima dentro de nuestro negocio.

"T" significa Tiempo.

¿A los seres humanos les gusta postergar las cosas? Por supuesto. Cuando hay un gran proyecto, dejamos las cosas para el último momento. Luego, frenéticamente nos precipitamos para concluir nuestro proyecto.

Así que, ¿qué sucedería si nuestras metas no tuviesen una fecha de vencimiento? Retrasaríamos la actividad... ¡por siempre! Es por eso que nuestras metas deberán de tener fechas de cumplimiento.

¿Cualquiera puede usar metas SMART?

¿Qué hay de las personalidades amarillas y azules? La técnica de metas SMART podrá lucir algo seca y estricta.

Para esas extrovertidas personalidades azules, las metas SMART podrían ser algo aburridas. Pero no te preocupes, las metas SMART son sólo una forma de mantenernos enfocados.

Las personalidades rojas disfrutan de las metas SMART debido a que hay un factor de responsabilidad y rastreo de logros.

Las personalidades amarillas y verdes también se desempeñan bien con las metas SMART. Les gusta el aspecto de lista de control y sienten seguridad de que los mantendrán en el camino.

¿Listo para una prueba?

Aquí hay una lista de metas. Lee la lista y adivina qué personalidad creó esta lista. ¿Listo?

- Pagar la hipoteca antes de tiempo.

- Enviar a los niños a la universidad sin solicitar un préstamo.
- Invertir en bienes raíces.
- Ahorrar 3% de mi ingreso para mi jubilación.
- Donar 20% a la caridad, en lugar del 10%.
- Planear nuestra salida nocturna semanal.
- Tener ahorros de dos años de sueldo.

¿Qué fue lo que adivinaste?

¿Verde? ¿Amarilla?

Una vez que comprendemos los diferentes colores de las personalidades, vemos por qué debemos tener metas alineadas con lo que queremos.

Es mucho más fácil tomar posesión de nuestras metas cuando encajan con nuestra visión interna del mundo.

¿Más acrónimos?

Aquí hay algunos otros acrónimos que nuestros equipos pueden usar para crear sus metas.

WEIRD.

Sí, este es un acrónimo real para fijar metas. ¿Quién podría resistir un nombre tan memorable? Demos un vistazo a su significado.

"W" significa Escríbelo.

Escríbelo. Sí, para los rojos, podría ser algo muy profesional en una hoja de papel nueva con un plan de acción específico.

Pero para los azules podría ser en una nota adhesiva que encontraron en su cajón de basura.

La acción de escribirlo le ayuda a nuestro cerebro a recordar nuestras metas. Queremos usar cada consejo y truco que nos garantice nuestro éxito.

Dónde o cómo escribimos nuestras metas no es tan importante como el acto mismo de escribirlas.

"E" significa Entretenido.

¿Entretenido? Palabra mágica para las personalidades azules. Si esta meta puede ser entretenida, creará una felicidad interna en cada personalidad azul. Esto es algo que pueden esperar encontrar a diario.

¿Conocer personas nuevas? Aquí hay una oportunidad para que las personalidades azules hablen con más gente desde el momento que se despiertan por la mañana hasta que caen dormidos por la noche. Esa sería una típica meta para una personalidad azul.

"I" significa Imposible.

Esta podría sonar como la palabra equivocada para usar cuando queremos lograr nuestras metas, pero funciona muy bien para algunos. Algunas personas disfrutan haciendo lo imposible (o lo que algunas personas piensan que es imposible).

¿Puedes adivinar qué personalidad sería esto?

Sí, las personalidades rojas aman el reconocimiento por haber hecho lo imposible, fijar récords, y romper fronteras. Aquí está su oportunidad de demostrar que los críticos estaban equivocados. Enfrentar lo imposible puede convertirse en adictivo.

"R" significa Reacciones.

¿Quién ama la atención? Las personalidades azules y rojas. Las reacciones y el reconocimiento de parte de los demás es una poderosa fuerza de motivación. Esto es bueno de tener cuando el camino se torna pesado. El deseo de ser reconocido ayuda a superar el miedo y la procrastinación. Funciona para algunas personas. ¿Tú eres alguna de esas personas?

"D" significa Dedicación.

Las personalidades amarillas encuentran fácil dedicar sus esfuerzos a una causa. Una meta más grande que ellos mismos significa que pueden ayudar a otros, no sólo a ellos mismos. Este sentido de responsabilidad los eleva a niveles más altos de acción.

Sabremos que una meta es la correcta para nosotros cuando nos levantemos por la mañana y nos sintamos motivados a realizar nuestras acciones diarias para alcanzar nuestra meta.

Las metas grandes son las metas memorables.

Algunas ocasiones nuestras metas son tan alocadas que nadie cree en nosotros. ¿Y por qué tener metas tan grandes? Debido a que nadie recuerda las metas pequeñas. Entre más grandes las metas, más grande es la motivación. Es el puntapié emocional que obtenemos de las metas grandes lo que nos puede ayudar a destrozar nuestras limitaciones.

Aquí hay algunos ejemplos de metas alocadas.

Regresemos a los 50s, cuando alguien tuvo la idea de colocar a un humano en la Luna. ¿Cuántas personas dijeron que era una locura? ¿Cuántas personas dijeron que sería imposible?

Pero hubo algunas personas que dijeron: –Podemos hacerlo. Vamos a encontrar la manera. Haremos que suceda.–

Colocar a una persona en la Luna no sucedió hasta la década siguiente, pero sucedió. ¿Cómo? Las personas que fijaron esa meta trabajaron duro. Tenían una meta enfocada. Y creyeron en lo imposible.

¿Las personas alrededor del mundo miraron el alunizaje? Claro.

¿Han habido artículos en revistas y diarios sobre el viaje a la Luna? Por supuesto.

Nuestras metas enormes pueden ser francamente locas, pero bien valdrán el esfuerzo cuando las alcancemos.

Pero como cualquier otra meta, estos creyentes tuvieron que comenzar en alguna parte. ¿Y cómo fue que lo lograron? Comenzando con metas más pequeñas que los acercaron a su gran meta. Por ejemplo, ellos tuvieron que:

- Diseñar y construir un nuevo cohete.
- Entrenar astronautas.
- Hacer pruebas con vuelos no tripulados.

Aquí hay otros ejemplos de metas alocadas.

Imagina en 1400, cuando los exploradores soñaban sobre navegar cruzando el Atlántico. ¿Cuántas persona pensaron que estaban locos? Pequeña embarcación hecha de madera, dependiente de los vientos, con una brújula, el sol y las estrellas para guiarlos... ¡estos tipos están locos!

Metas enormes e increíbles, pero que pueden convertirse en realidad. El primer paso es pensar... ¡EN GRANDE!

¿Alguna vez has escuchado sobre las "listas de deseos"? Estas son metas grandes para la persona que está creando la lista.

Aquí hay algunos ejemplos de metas de "listas de deseos." Algunas son metas grandes. Algunas metas podrían lucir pequeñas para nosotros, pero descomunales para las personas que las pusieron en sus listas.

- Escalar hasta el campamento base en el Everest.
- Tratar de mantenerme caliente en el hotel de hielo en Suecia.
- Alimentar monos araña en la isla Roatán.
- Ir detrás del escenario para conocer a mi artista favorito.
- Escribir un libro.
- Comenzar un blog.
- Montar un caballo en el Parque Nacional de las Rocallosas.
- Aparecer como extra en una comedia o película.
- Rentar un palco para el Súper Tazón.

- Visitar las islas Hawaianas.
  - Conducir una camioneta monstruo.
  - Volar en globo sobre la reserva Masai Mara.
  - Ser capitán de un velero.
  - Descender una montaña por la vía *black diamond*.
  - Comer la comida típica de la ciudad donde se creó.
  - Correr el Maratón de Boston.
  - Besar la Piedra Blarney en Irlanda.
  - Cruzar la Gran Muralla.
  - Descender a pie el Gran Cañón.
  - Vestir ropa típica en el Octoberfest de Munich.
  - Pasear en góndola a través de los canales de Venecia.
  - Asientos de primera fila para la final de la Copa Stanley.
  - Ser entrenador de elefantes por un día.
  - Visitar todos los parques de Disney.
  - Tomar un crucero de 90 días alrededor del mundo.
  - Comprar un boleto para viajar al espacio.
  - Tomar clases de baile.
  - Arrojarme del *bungee* en Nueva Zelanda.
  - Usar pantalones ajustados.
  - Pasar un día entero en el spa.
  - Jugar golf en un torneo estrictamente para invitados.
  - Ir de compras en Rodeo Drive.
  - Ser un gran apostador en Las Vegas.
  - Volar en jet privado.
  - Tomar clases de piloto.
  - Pasar una semana de tiempo personal.
  - Hacer tirolesa en Costa Rica.
  - Aprender Inglés.
  - Hacer paracaidismo en los cayos de Florida.
  - Bucear con mantarrayas en las Islas Caimán.

¿Un acrónimo más?

Seguro, ¿por qué no? Guardamos el acrónimo divertido para el final. Las personalidades azules adoran totalmente este acrónimo.

STUPID.

¿Te sientes único? ¿Te gusta llevar la contra? ¿Cansado de tus amigos con sus metas SMART?

¿Te encoges de hombros cuando las personas dicen que algo es imposible?

¿Las personas cuestionan tu salud mental?

¿Alguna vez te han descrito como "único"?

Entonces quizá este sea el acrónimo de metas para ti.

"S" significa Específico.

Como mencionamos antes en este capítulo, si no somos específicos, podríamos sentirnos infelices cuando alcancemos nuestras metas. Entre mejor podamos describir y detallar nuestras metas, mejor.

"T" significa Diminuto.

Sí, diminuto. ¿Por qué? Para que podamos celebrar cada meta diminuta que logremos de camino a nuestra gran meta.

Podemos crear un hábito de lograr, celebrar, y lograr. ¿Y a quién le gusta celebrar más? A las personalidades azules, por supuesto.

Así que en lugar de una meta enorme, piensa en múltiples metas diminutas.

"U" significa Poco realista.

Entre más alocadas nuestras metas, mejor. Algunas personas se hacen adictas a lo poco realista, y esta adicción les da el combustible para impulsarlos frente las probabilidades en su contra.

Varias metas diminutas crean metas enormes que estiran nuestra actitud y creencia. Soñar en grande nos ayuda a crecer como individuos. Hay un cierto elemento de misterio en las metas grandes. Esto hace que la vida sea interesante.

"P" significa Fiesta.

¿Por qué limitar la celebración a cuando alcanzamos metas? ¿Por qué no hacer que las metas mismas sean divertidas?

Si nuestras actividades camino a nuestras metas son divertidas de hacer, entonces tendremos una fiesta diaria mientras estamos trabajando en nuestras metas.

Por ejemplo, si amamos viajar, y nuestra meta es hablar con cinco personas por día, ¿qué podríamos hacer para hacer esto más divertido? Bien, podríamos ir a la convención local de agentes de viaje y hablar con cinco agentes. ¡sería divertido hablar con ellos!

Seguro, esto es fácil de hacer para las personalidades azules. Pueden divertirse donde sea, en cualquier parte. Pero, ¿qué hay sobre las personalidades rojas? ¿Ellos se pueden divertir?

¡Sí! Las personalidades rojas crearán una meta que requiera seguimiento diario y registro. Buscarán con ansia el momento para registrar sus progresos y reportar sus logros con sus compañeros de responsabilidad.

"I" significa Imposible.

Rebeldes, no conformistas, y los individuos únicos en su clase prosperan bajo lo imposible. ¿Por qué? Quizá es la satisfacción de demostrarle a los demás que están equivocados.

Portar la placa de "superar lo imposible" le da significado a las actividades diarias para lograr metas.

¿Qué mejor aventura puede haber que retar lo imposible?

"D" significa Dedicación.

Hacer la diferencia. Este es uno de los valores más altos para nosotros como seres humanos. Queremos dejar un legado. Es más fácil dedicar nuestros esfuerzos hacia una gran meta financiera, o a una gran meta humanitaria, que hacia una meta pequeña. Pocas personas se emocionan sobre lograr una meta de comisiones de $50. Pero una meta de pagar la educación de un niño huérfano es algo hacia lo que podemos consagrar nuestros esfuerzos.

EN CONCLUSIÓN.

Las metas funcionan... si elegimos las metas correctas para nosotros.

¿Por que trabajar sobre metas que alguien más nos da cuando podemos trabajar en las metas perfectas para nuestras vidas?

Cuando nuestras metas son correctas para nosotros, la motivación es automática. No más estrés, demoras, ni angustias.

En lugar de eso, cada día será un día divertido. Trabajar sobre nuestras metas será algo que disfrutemos, no una carga.

Diviértete en el camino hacia lograr tus metas.

AGRADECIMIENTO.

Gracias por adquirir y leer este libro. Esperamos que hayas encontrado algunas ideas que te servirán.

Antes de que te vayas, ¿estaría bien si te pedimos un pequeño favor? ¿Tomarías sólo un minuto para dejar una frase o dos como comentario en línea de este libro? Tu opinión puede ayudar a otros a elegir qué leer a continuación. Sería de gran ayuda para muchos otros lectores.

Viajo por el mundo más de 240 días al año.
Envíame un correo si quisieras que hiciera
un taller "en vivo" en tu área.

→ BigAlSeminars.com ←

POR QUÉ NECESITAS COMENZAR A HACER REDES DE MERCADEO

Cómo Eliminar El Riesgo
Y Tener Una Vida Mejor

KEITH SCHREITER

¡OBSEQUIO GRATIS!

¡Descarga ya tu libro gratuito!

Perfecto para nuevos distribuidores. Perfecto para
distribuidores actuales que quieren aprender más.

→ BigAlBooks.com/freespanish ←

Otros geniales libros de Big Al están disponibles en:

→ BigAlBooks.com/spanish ←

MÁS LIBROS EN ESPAÑOL

BigAlBooks.com/Spanish

La Historia de Dos Minutos para Redes de Mercadeo
Los prospectos disfrutan de historias cortas. Contar historias reduce nuestros niveles de estrés debido a que las historias son fáciles de recordar.

Guía de Inicio Rápido para Redes de Mercadeo
¿Te paraliza el miedo? ¿No puedes comenzar? ¡Nunca más!

Pre-Cierres para Redes de Mercadeo
Decisiones de "Sí" Antes de la Presentación

Cierres para Redes de Mercadeo
Cómo Hacer que los Prospectos Crucen la Línea Final

Los Cuatro Colores de Las Personalidades para MLM
El Lenguaje Secreto para Redes de Mercadeo

Cómo Construir Tu Negocio de Redes de Mercadeo en 15 Minutos al Día

La Presentación de Un Minuto
Explica Tu Negocio de Redes de Mercadeo Como un Profesional

Ventas al por Menor para Redes de Mercadeo
Cómo Conseguir Nuevos Clientes para Tu Negocio en MLM

Motivación. Acción. Resultados.
Cómo Los Líderes En Redes De Mercadeo Mueven A Sus Equipos

51 Maneras Y Lugares Para Patrocinar Nuevos Distribuidores
Descubre Prospectos Calificados Para Tu Negocio De Redes De Mercadeo

Rompe El Hielo
Cómo Hacer Que Tus Prospectos Rueguen Por un Presentación

¡Cómo Obtener Seguridad, Confianza, Influencia Y Afinidad Al Instante!
13 Maneras De Crear Mentes Abiertas Hablándole A La Mente Subconsciente

Primeras Frases Para Redes De Mercadeo
Cómo Rápidamente Poner A Los Prospectos De Tu Lado

La Magia De Hablar En Público
Éxito Y Confianza En Los Primeros 20 Segundos

MLM de Big Al la Magia de Patrocinar
Cómo Construir un Equipo de Redes de Mercadeo Rápidamente

Cómo Prospectar, Vender Y Construir Tu Negocio De Redes De Mercadeo Con Historias

Cómo Construir LíDERES En Redes De Mercadeo Volumen Uno
Creación Paso A Paso De Profesionales En MLM

Cómo Construir Líderes En Redes De Mercadeo Volumen Dos
Actividades Y Lecciones Para Líderes de MLM

Cómo Hacer Seguimiento Con Tus Prospectos Para Redes De Mercadeo
Convierte un "Ahora no" En un "¡Ahora mismo!"

COMENTARIO DEL TRADUCTOR

Ha sido un placer para mí traducir este libro para los lectores en español. *¿Por Qué Mis Metas No Funcionan?*, hace más fácil aclarar nuestra mente y definir nuestra ruta hacia lo que deseamos lograr con nuestro negocio de redes de mercadeo. Me ofrecí para traducir este libro ya que los conceptos aquí mostrados han funcionado tan bien para mí, que deseaba compartirlos con otros.

Todas las ideas y consejos de este libro han sido probados por miles de empresarios de redes de mercadeo alrededor del mundo. Conoce y aplica las mejores técnicas para definir, refinar, trazar y progresar en tu plan de acción y el de tu equipo para seguir el camino demostrado hacia los objetivos.

Así que deja atrás la frustración, el rechazo, el miedo, las dudas y la desesperación. Simplemente usa estos métodos para que tu negocio y el de tu organización logren sus sueños con pasos claros y definidos.

Gracias por soltar viejos patrones de pensamiento y creer que hay una nueva manera de construir tu negocio de redes de mercadeo rápidamente, sólo aprende nuevas habilidades para construir un negocio estable, divertido y redituable de la manera correcta.

Deseo grandes cheques para ti y tus socios.

-Alejandro G.

SOBRE LOS AUTORES

Keith Schreiter tiene más de 20 años de experiencia en redes de mercadeo y multinivel. Keith le muestra a los empresarios de redes de mercadeo cómo usar sistemas simples para construir un negocio estable y en expansión.

¿Necesitas más prospectos? ¿Necesitas que tus prospectos se comprometan en lugar de estancarse? ¿Quieres saber cómo enganchar y mantener activo a tu grupo? Si éste es el tipo de habilidades que te gustaría dominar, te encantará su estilo de cómo hacerlo.

Keith imparte conferencias y entrenamientos en Estados Unidos, Canadá y Europa.

Tom "Big Al" Schreiter tiene más de 40 años de experiencia en redes de mercadeo y multinivel. Es el autor de la serie original de libros de entrenamiento "Big Al" a finales de la década de los 70s, continúa dando conferencias en más de 80 países sobre cómo usar las palabras exactas y frases para lograr que los prospectos abran su mente y digan "SI".

Su pasión es la comercialización de ideas, campañas de comercialización y cómo hablar a la mente subconsciente con métodos prácticos y simplificados. Siempre está en busca de casos de estudio de campañas de comercialización exitosas para sacar valiosas y útiles lecciones.

Como autor de numerosos audios de entrenamiento, Tom es un orador favorito en convenciones de varias compañías y eventos regionales.